大展好書 好書大展

大展好書 好書大展

社會人智囊

59

讀心術入門

王嘉成 ◎ 編著

大展出版社有限公司

序

當學生時，大家一定常有如此的遐想：

如果能夠看穿別人的心，將是一件多麼愜意的事。走在路上的行人、一本正經乘坐捷運的女性、跟我一道喝茶的朋友、我私下愛慕的女孩、甚至總統等人，究竟他們都在想些什麼呢？倘若有能夠透視人心的眼鏡，我將戴著它，獲知各色各樣人們的心理活動，甚至使自己發大財，陸續搭訕美女，盡情過快樂的人生。

當然，只有天真的學生時代，才容許做此種荒唐無稽的想像，一但踏入社會之後，才深深體會到觀察人心是一件多麼困難的事。與人吵架、遭女友遺棄、被人欺騙，如今想來，這些幾乎都起因於不會觀察人心。

心理學並未教人在眼前的人際關係上，自己應該如何採取行動、如何臨機應變、如何應付此等現實上的具體方法。歸根究底，這些還得靠自己想。

「讀心術入門」完全以經驗作為主體，從專門的心理學者的立場來看，也許會有不同的意見。但是，本書並非寫人的心理，而是寫觀察人心的方法及其活用。

心理學是很重要的學問，自不在話下，但筆者相信讀心術對於現實生活也有很重要的功用。因為社會隨著人心而變化，且人間事自人的心中產生，因此，沒有比人心更難以捉摸的東西，沒有比人心更善變的東西。

倘若這本「讀心術入門」能夠引導讀者的人際關係朝向有利的方向，就是筆者最大的榮幸。

目錄

第一章　表層心理的讀心術

第三章 深層心理的讀心術

第四章　讀心術的奧妙與秘傳

第五章　向女性示愛的讀心術

第一章　實用讀心術入門

任何人都會的讀心術

✦讀心術是現代的兵法

「何謂讀心術？」對於朋友的這一則詢問，我總是如此回答：「簡單明快地閱讀對方的心理的方法。」

但我所說的讀心術，並非如一般人從字面上所感受到的——某種神秘的奇怪招術。例如，奇術師或魔術師邊唸咒文，邊閱讀對方的心（猜測對方心中所想的數字等），或猜測對方携帶的物品（皮包內的錢財等）。也不是像相士一樣經由人相或手相、卜卦等來猜測或摸索對方的心（過去、現在、未來的境遇或性格、煩惱、遺失物等）。

本書所要討論的讀心術，不同於奇術師、魔術師及占卜師等所使用的透視術，如果誇大一點說，是比較科學的學術。當然，不需要道具或工具，也不依賴靈感或筮竹。

閱讀人心總不能先向對方請教出生年月日，或者請對方讓你看手相再做判斷。難道明白對方的出生年月日或手相（人相自不在話在），即可捕捉到人瞬息萬變的心情、心態嗎？其實觀相術或手相術所能夠明白的，頂多是類型化的一般性格及從該性格類推的一般心理狀況，而且，最後也會發現，如此所獲得的結論是毫無根據、毫無說服力的。

畢竟現代是個複雜的時代，煩瑣事千千萬萬，人有時被迫帶有二重、三重人格，甚至有時不得不說謊，並且交易也多。爲了對應這樣的時代，要開展有利的人際關係，莫過於明白對方每一瞬間的心理活動、心情變化、潛在的人心及深層心理。

但是，做爲閱讀人心的方法，依賴精神統一的靈感或占卜，未免太過虛無飄渺。難道沒有較具體的、正確的、迅速的，因應TPO（時間、地點、情況）而且簡單人人都會的方法嗎？以下所要展開的讀心術，便是完全符合這些要求的「知己知彼，百戰不殆」的現在兵法。

✵孩子對雙親的讀心術

孩子是讀心術的高手。這種說法難道是誇大其辭嗎？其實在百貨公司之類的地方，經常可以碰到這樣的場面。

「媽媽，我數到二十，否則就要變成迷路的孩子了。」

那位媽媽正在選購衣服，究竟那種款式或這種顏色，似乎正在猶豫不決。旁邊有一位大約五歲上下的孩子，抱著一包類似玩具的東西，正在催促母親快做選擇。看來這位母親似乎經常告誡孩子千萬別當迷路的孩子，而孩子就在此時反用母親這種恐懼心理。

「好孩子，再稍等一會，媽媽很快就好了。」

媽媽心不在焉地安撫小孩，順手拿出一塊布料披在身上，一心一意地選購。孩子則開始一、二、三地計數。

「媽媽，現在是十五，剩下一點點。」

儘管孩子提出警告，媽媽依然舉棋不定。應對的店員與媽媽的表情都很認眞……。

「二十！媽媽，二十了，還不走，我就要當迷路的孩子了。」

孩子觀察媽媽的動靜，一步一步往後退，動作非常緩慢。

「啊！小明，不行啊……快回來！」

慌張的媽媽丟下手邊的布料，連忙跑上前去拉孩子的手。

「已經數完了，不要再等了。」

「乖孩子，一會就好，馬上就好了。」

「不要！一會就好，一會就好，媽媽總是很會拖時間。」

再等一下

孩子開始展開他的交易。雖非衆目睽睽，但百貨公司人也相當多，總不能大聲責罵，也不能拉拉扯扯。而且，像這一類的兒童，若不滿足他的心願，可不會輕易聽話的。

「剛剛給你買了模型飛機，你要聽媽媽的話……。」

「但是，媽媽沒給我買迷你汽車。」孩子說出了另一項沒有得到的玩具。

媽媽爲了顧及面子，說話很小聲，孩子則毫無顧忌。緊接著，媽媽展開說服，但最後還是投降似地說道：

「眞沒辦法，只有這一次，下不爲例，好嗎？」

媽媽屈服，妥協終告成立。

從讀心術的立場考察這場交涉，實在頗饒趣味。

先說結論：洞悉媽媽的心理，並善加利用，孩子的戰術完全成功了。

首先表明數到二十，給媽媽時間的限制，這是因爲小孩子識破他當迷路的孩子，不僅自己困擾，媽媽也很困擾。想必那位媽媽一定神經質般地告誡孩子千萬不能迷失。因此，孩子邊後退邊觀察對方的反應，展開交易，可謂巧妙。

倘若在家，諒必孩子的戰術無法進行得如此順利，但地點是百貨公司，人比較多。況且，媽媽正在爲自己選購物品，心理上對孩子的立場比較軟弱，因此提出要求，很容易達到目的。總之，這是小孩子懂得對付母親的讀心術TPO。

孩子在本能上、經驗上知道父母親此種情況的心理。因此一些平日忙得只能看見孩子的睡臉的父親，一到星期假日，心理被孩子洞悉，對於孩子的要求總是唯唯諾諾，以彌補平日的疏遠，因此令人感動的奉獻情景，也就到處可見了。

再者，孩子很明白何種情況會挨罵、獲得褒獎，以及父母親情緒好壞。至少，對於雙親，孩子可說是讀心術的高手。

成人的讀心術

親子或夫妻間的讀心術，或多或少有謊言交易的性質，但超越利害、沒有惡意，也不會互相傷害，所以談不上罪過。至於知己的朋友，因爲彼此非常熟悉，所以要了解對方的心情不至於太困難。

結婚多年的夫婦，即使不必開口，也能夠以心傳心，知己朋友也能夠靈犀一點通。但，如果周遭都是一些這樣的人，根本沒有提出讀心術的必要了。

然而，因爲現實的社會複雜，所以大家不會簡單地表現喜怒哀樂、不會率直地暴露自己的心態。在稀鬆平常的表情之下，也許藏有莫大的憤怒或敵意。假設你是個推銷員，再怎麼不客氣的對象，你也必須微笑應對吧！如果你是個白領階級，被上司責罵，或者被指定不喜歡的工作，表面上也會裝出高高興興接受的樣子。

在實際的社會生活中，此種事毋寧是平常的。當然，我絲毫沒有勸人要「盲目服從」或「好漢不吃眼前虧」的意思。所謂先發制人，如果利用讀心術閱讀對方的心，也就可以不必一味盲從，甚至吃眼前虧了。若能夠了解上司的心理，即可免除許多無謂的麻煩。

✦如果不説謊的話

現代社會的確有天下烏鴉一般黑的一面。而其中最壞的，恐怕就是說謊了。謊言也有許多種類，因人的使用而有各式的不同。

有可以不必說謊而說謊的，有一說出來馬上就穿幫的，有爲了方便而說謊的，有連說謊者本人也區別不出眞假的，也有爲了掩蓋癌症而說出的人道式謊言，也有善意的謊言。但如果懂得讀心術的話，此種時候卽可識破謊言。

經理暴斃，接替下一任經理的課長，到喪家弔唁時，究竟應如何安慰經理的遺孀呢？恐怕得面帶嚴肅而悲哀的表情，追悼經理的去世，歌頌故人的德行，安慰遺族，甚至最後連自己也不得不掏出手帕拭一拭眼角。

這時候，倘若人類是完全不會說謊的動物，那麼又將如何呢？也許課長不僅不會掉眼淚，甚至難掩喜不自勝的表情，高興經理去世、大罵故人的業績損其名譽或高喊萬歲。果眞如此，那就十分糟糕了。

還有，因對未婚妻感到厭倦，而在廢除婚約時說：「像妳這樣歇斯底里而且好勝的女人，我一開始便沒有娶妳的意思。」

這樣的話，恐怕當天就會演出一樁情殺案。

被朋友催討借款時，如果說：「我打算吞掉，永遠不還。」也許對方會大打出手。

諸如此類，卽使自己沒有很淸楚地意識到，但多少總會撒謊。守夜的課長內心裏對於自己有升遷的機會，也許有一絲的喜悅；廢除婚約的男方也許眞心那麼想；欠債的他私底下也許不打算還錢。但是，社會上不容許此種不合理的事，所以不得不，只好違背眞心而行動。簡言之，如果讀心術在此種時候派上了用場，也就可以逃避災難了。

從動作與習癖看出心態

茲介紹一則任何人都懂的簡單讀心術。電視正在轉播世界杯的拳擊賽，十數名男子在咖啡店目不轉睛地盯著電視畫面。觀察當時所發生的變化，可從擧止、動作、言語淸淸楚楚地看出興奮與緊張的心態。

首先，在擧止上，有由於興奮或者緊張而變成呈現出發汗的生理現象的人，及不斷用手心擦褲子的人、從鼻頭冒汗的人；還有口乾舌燥，一直在喝水的人，和嚥口水而喉結急速上下的人；也有因興奮與緊張而變成頻尿、時常跑洗手間的人，甚至強忍著而按著下肢的人也有。看來有點滑稽。

其次是動作的變化。有夾著香烟的手微微顫抖的人；太過熱心，全身反而一動也不動、用嘴巴呼吸的人；還有，連自己也擺出拳擊選手一般的動作或臉色慘變的人。

至於言語上，「這兒」、「那兒」、「轉身、轉身」、「前進、前進」等，完全溶入畫面。

此種極端的習癖或變化是讀心術的材料。雖然在日常生活中無法看見如此激烈的現象，但要完全掩蓋緊張的時候的心理狀態是很困難的。談判的對手如果鼻頭略微冒汗，即可推斷那是表示心理緊張。卽使表面佯裝冷靜，但香煙頭却微微顫抖，則可判斷那是壓抑內心之興奮。讀心術便是從捕捉這些細小的變化開始的。

✵摸索對方情感的讀心術

你上班的地方有沒有女同事最近顯得格外漂亮？據說女性談戀愛將變得更美麗，那種變化有時是很明顯的。

首先，化粧的方式、服裝的搭配，均與往常不一樣。眼眸光輝閃爍、擧止快活，對周圍的男性，或故做靦覥，或顯露嬌羞的表情。另外，卽使發出再誇大的笑聲，忸怩做態，也令人感覺一種自然的嫵媚，此種時候判斷她有了男朋友，一定不會錯。

如果對方那位男士也在同一間辦公室的話，變化更爲明顯。上班時間，她的眼光也頻頻朝向他，甚至眼光隨著他的移動而移動。諸如他走到課長的辦公桌，也引起她的注意；如果他走出辦公室，則期待他的歸來，時時留意著門口。另外，當兩人在一起說話，或者大夥正在談笑時，一旦他加入行列，她的變化也跟往常不一樣，或口吃、或特別高興。

女人爲戀愛而戀愛，爲戀愛奉獻一切，男人則是純粹的戀愛。卽使戀愛中的男女約好堅守秘密，而那種變化必定出現在女方，敏感的人可以馬上看出來。

觀察力敏銳的人不會忽略此種變化，而觀察力遲鈍的人，不，應該說是粗綫條的人，直到對方二個人結婚才大感意外。此種人消息不靈通，萬一貿然邀她約會，又將如何是好呢？結果必然是遺憾的。

另一方面，假設有個女孩對你懷有好感，女性不能像男性那樣表現積極的態度，所以使用各種機會偸偸向你傳達好感，但感覺遲鈍的你却絲毫也未察覺。如果你知道讀心術的技巧，此時當不會錯過她的信號。相反的，若是惡女情深，甚至還可趁早溜之大吉。

相士的讀心術

相士未必擅長讀心術。酒後餘興看看手相的情形，另當別論；大抵說來，多少帶有苦惱的人才會求教相士。相士就是利用客人這種心理上的弱點，給予人一種非常擅長觀察人心的印象。

例如：如果客人是男性，把目標定在工作與女人，大致不會錯。例如相士說：「你有女難之相。」覺得完全不準的男人應該很少。女難的範圍很廣，也許想到某個逢場做戲的女人，甚至連夫妻吵架，有時也可歸入女難的範圍。如果相士說：「你有工作上的煩惱。」恐怕沒有一個男人完全沒有此種煩惱，因為，工作與煩惱總是如影隨行。

「好險，這卦表示你尚未到達決定性的階段。」

這又是一句非常籠統的話。決定性的階段究竟指什麼呢？一點也不具體，但這門生意難得的是客人代為做適當的解釋與判斷。

決定性的階段由各人心中的尺度自行決定，相士沒有責任。因此，卽使生意慘敗的人，也給自己的立場做有希望的判斷，認為自己尚未到達決定性的階段（最壞的狀態）。

由於太過缺乏具體性，於是向相士請教今後該如何是好時，總是得到這樣不得要領地回答：

「這要看你怎麼做，只要努力，自然有收穫。」

若是女客則更簡單。大概幾乎沒有有關工作的煩惱，那就是有關男女關係的問題了。「妳為了愛情問題苦惱。」用不著看手相，卽可一語道破。尤其女性容易接受暗示，以下就簡單了。

「卜出來的卦，完全看對方的心情而定。」男女間的問題都是心情的問題。相士道貌岸然，女客則認眞地點著頭。「結論是看妳的努力如何而定，只要妳盡全力，對方一定明白妳的心意，

問題也就解決了。否則的話，只好分手了。到時，又有別的運開展。」

站在旁邊聽，內容委實令人失望，但客人却滿意地走了。可見觀相費是一種安心費。

另外還有一種方法。

「對了，府上有沒有井？」相士問。如果回答：「沒有。」則相士安慰道：「幸好沒有井，如果有井的話，你會遭遇到更壞的運。」但是，如果有井呢？

「果然不錯，果然不錯，從這卦分明看得出來。」

如此一來，客人對相士的神機妙算深感佩服，越容易受到相士的話誘導。

「幸好有這口井，你才有救。如果沒有井，你會跌到命運的深淵。」

像這樣把井與命運的深淵搭配起來，可說是很巧妙。

從以上的例子看來，可知相士一邊巧妙地閱讀客人的心理，一邊誘導至預設的結論。相士之所以能夠充分地把讀心術活用於客人身上，乃是由於客人這一邊存在著「煩惱」這種心理上的弱點，因此對於相士沒有警戒，輕易地相信相士的話。

✦讀心術與演技

我的朋友T是民事專門的年輕律師，但爲人却很風趣，富有表演天才，深受朋友歡迎。

有一次，T開車拜訪委託人，附近找不到停車場。當然，那一帶是禁止路邊停車的區域。T想了一想：「反正五分鐘就可以辦完」，也就大大方方把車子停在大廈門口。

T與委託人交談時，眼光往窗外一看，暗叫一聲糟了。一名交通警察從警車下來，正在窺探他的車內。T邊跑邊發揮臨機應變的智慧。放鬆褲帶、拉下拉鍊，故意讓襯衫露在外面，氣喘呼呼地奔向車子旁邊。

「很抱歉，下痢弄得狼狽不堪，不過，總算解決了。」T拉著似乎卽將掉下來的褲子，表情則頗爲得意。

「但是，此地禁止路邊停車。」

由於最近的汽車駕駛人頗多狡猾，所以，此種程度的演技瞞不過警察。

「我知道，我也是律師，深知法律到底是法律，無論如何必須遵守。」

警察看一眼T西裝上佩戴的紀念章。既然是律師，與警察也不算完全外人，距離微罪釋放已經不遠。T趕緊再加油：

「本想忍到法院，但實在太難忍了。連內衣褲也弄髒，手沒洗就跑出來了……」T邊說邊煞有介事地嗅一嗅手指頭，眞是逼眞的演技。

「好，以後請小心點。」警察皺著眉頭，乾脆放T一馬。

T的做法未免太絕，但如此却逃過了違警的罰金與半天的浪費。當然，這是讀心術惡用的例子，但給予對方生理上的嫌惡感，的確相當有效。透過駕駛執照，勢必間接地接觸不清潔的手，正由於T的演技逼眞，連警察也對此感到厭惡。

如果T不找藉口而拿出駕駛執照的話，恐怕警察就不得不告誡了。但卽使說謊，也得斟酌情況找理由，讓警察的面子（微罪釋放的理由）掛得住，雖說藉口，若是換成「只不過五分鐘而已，何不原諒一次？」諸如此類的理由，簡直沒有任何效果。必須是不得已的理由，才能取得對方的諒解。另外，T也善用職業，對於違法行爲充分流露反省之色，使對方了解沒有再犯之虞。這是讀心術與演技的配合。

列舉以上的例子，是爲了深入淺出地解釋，並讓各位簡單了解何謂讀心術。總之，讀心術只要小心觀察，加上若干推理，任何人都很容易學會。

第二章　表層心理的讀心術

從外觀識破的讀心術

Ⓐ從表情判斷

✦從眼睛的神情讀心

誠如所謂的「眼睛是靈魂之窗」、「眼睛也像嘴巴會講話」，人每一瞬間的心理活動都反應在眼睛。一旦心有所思，眼睛就會很快地反應出來，即使想掩飾也無法掩飾，這可說是絕對的。因此，難以說出口的話便率直地表現在眼睛：即使嘴巴說著相反的話，但眼睛却表示贊成；即使口頭上冠冕堂皇，但眼睛却敍述眞情。

小心的人一定有過多次這樣的經驗，姑且拿我們身邊的電視來說吧！

M這位中年的男歌星在歌唱節目亮相。他既有實力，也深受歡迎，每年公演，總是大爆滿。正因如此，他面對觀衆的態度也是很穩健的，臉上不斷掛著溫和的微笑。當他的表情在整個畫面上大特寫時，他的眼睛究竟映著什麼樣的心呢？

儘管整張臉孔洋溢著笑容，只有眼睛完全不笑，那眼神毋寧是認眞嚴肅的。但這是當然的，因爲他無法連眼睛也跟著臉孔一起笑。如果眼睛笑，心也就笑了，這樣一來，或許他就無法在舞台上做完美的表演了。因爲若心也笑了，就很難控制緊張的鬆弛。

無論工作上或私人交往上的朋友，要了解對方的心理活動，千萬不能忽略眼睛。人無法徹底地欺騙自己的心，因此，卽使嘴巴說出違心之言，眼睛却跟不上。所以，只要仔細觀察眼睛，也就可以大致看出對方的心理變化了。

面對面說話時，有些人却把視線避開，而看著旁邊說話，或者一邊左顧右盼一邊說話，不敢正視對方的臉。這種人往往被認爲內心愧疚、不能信任的人物。但未必如此，小心的人、沒有信心的人、懦弱的人等，卽使心中沒有愧疚，往往由於膽小而不敢正視對方的臉，此種人從平日的性格卽可看出。

眞正的壞人或難纏的人物，恐怕不至於不敢正視對方的臉，因爲壞人不至於那麼膽小。

其次，從讀心術的立場，可以考察出現於眼睛的各種變化。但，任何人一看卽知的變化，此地從略，僅列出比較微妙的變化，除非很留意，否則往往忽略的變化。

❶看遠處的眼睛

雙方正在交談時，如果對方時常出現如此的眼神，大多是由於對方未把你的話放在心上，或者正在從事其他的計算。如果他是重要交易的對象，那麼他必然在心中做著各種計算，思考著如何使交易變成有利的戰術。如果對方是沒有任何利害關係的人，那麼對方一定是對你的話毫不關心，或者內心另外有事。

但另外還有一種相似的眼神，就是眼睛盯著一點但焦點不定，如果他是重要的交易對象，需要多提防。

例如：售出大量物品而高興，但如對方的支票退票或者惡性倒閉，結果也很慘；相反地，購買物品，如果該商品是不良品或貨款被對方捲逃等，也都有可能發生。總之，此種眼睛是發呆的眼睛，大多因內心有重大的負擔或苦惱而呈現出來的一種出神現象。

因此，當對方顯露此種眼神時，你不妨率直地詢問他究竟有何煩惱。必然有家人生病或足以跟此交易相比擬的重大煩惱。

❷感覺上比平常凹陷的眼睛

即使很熟的人，有的也會遇上這樣的眼神。此種眼睛不妨視為表現疑惑、誤解、敵意、警戒、不信的眼睛。

此種眼睛再嚴重一點的話，就變成所謂閃爍的眼睛。當人的疑惑、敵意表現在眼睛時，很容易就會有這種情形發生。眼睛之所以給人閃爍的感覺，乃是由於眼睛位於裡面（實際上是由一層眼皮覆蓋著），眼光受到強調的結果。簡言之，所謂感覺上比平常凹陷的眼睛，不妨解釋爲轉移到此種閃爍的眼睛的前一階段的眼睛。

如果很熟悉的人有這樣的眼睛時，可以想到的是，當你不在時，有第三者中傷而使你們之間發生誤會，或使對方對你懷有不信任，但對方尚未完全誤會，仍有幾分舉棋不定。

如果初見面的人顯露這樣的眼睛時，除非在交談中你有引起他不信任或採取警戒的原因，否則只好認爲對方對你懷有先入爲主的觀念。大多是聽了別人的謠傳，或者從介紹人獲得先入觀。

❸女人的眼睛

每一個男人都有過這樣的經驗，情侶相偕外出時，男方大多時常看別的女人，即使熱戀中也不例外，這是出自男人不失客觀性的本性。另一方面，即使同樣是戀愛，但女人不同於男人，女人站在主觀的立場，把一切都奉獻給愛情，這才是女人的本性。因此，女人不看別的男人，女人只看自己的情人，連一舉手一投足也感到關心。

如果自己的女友看其他的男人，究竟是何種心境的變化呢？當然，若是明顯地望著其他男人，即使反應相當遲鈍的男人也明白女人的心意。但，對於比這更輕微的現象，就需要留意。例如：

跟女友在咖啡店時，如果她悄悄地聽著鄰座男人的談話，或者看著男人的手，或者對男人的物品（手錶、汽車、鑰匙、領帶夾等）感覺興趣，那就必須留意了。因為她開始具有客觀性，如果再進一步發展的話，她甚至會正視其他男人。

如果你責備她此種行為，而她則表示：她希望你也擁有那些東西。此種藉口完全是詭辯，更誇張一點說，她的行為應該解釋為客觀性的萌芽，故意把男朋友與別的男人做比較。

從鼻子的動作讀心

鼻子與耳朵在整張臉上是動作最貧乏的。因此，留意鼻孔的動作以閱讀對方的心是相當困難的。根據鼻子高或低、朝上或朝下等之形狀或種類，來談論其象徵的性格，已有衆多各式各樣的解說發表了。但這些只是針對固定的鼻子，並非捕捉鼻子的動作，亦卽沒有談到鼻子隨著心的變化所顯示的表情。以下從讀心術的立場，談一談如何從鼻子一些不太明顯的動作，閱讀對方的心。

❶鼻孔鼓大時

交談中對方略微鼓動鼻子時，大多顯示對你得意、不滿、感情的抑制等心境。平常，人的鼻

孔擴大，被視爲表現憤怒或恐懼，人在興奮或緊張狀態時，呼吸或心跳加快，鼻孔便擴大。因此一般所謂的說話從鼻子出來，乃是表示得意的狀態，依然是一種興奮症狀。

對方鼻子的此種動作，究係得意洋洋呢？抑或抑制不滿或憤怒的感情呢？這應該從交談對手的各種反應判斷。

❷鼻頭冒汗

如果這是對方一向的「習慣」，那就沒問題了。若平常沒有此種習慣的人，但此時鼻子却冒汗，不妨視爲表示對方內心焦慮或緊張狀態。若是重要交易的對象，那麼對方的內心一定有著無論如何必須使這項談判成功的焦慮心情。例如：萬一交易無效，自己便失去立場，或將引起非常不利的結果等，因內心焦慮而陷於一種自縛狀態，由於這種緊張而鼻頭冒汗。

另外，此時不單只是鼻頭冒汗，腋下等部位大多也冒冷汗。但若是沒有利害關係的人處於此種狀態，也許是爲了要掩飾羞愧或秘密，這也是因緊張而引起的。

❸鼻色

雖然鼻子不會明顯的變色，但誠如所謂「鼻子發白」，亦卽當鼻子的顏色全體上泛白時，乃是對方的心情處於畏縮的狀態。無論對方是交易的對象或沒有利害關係的對象，大多是內心猶豫不決。

例如：若是交易則正在猶豫是否提出條件，抑或可否提出借錢的要求等。

另外，當一位男士求愛而遭到嚴厲的拒絕，自尊心受到傷害，也可能發生此種現象。感覺難爲情、尷尬時，內心困惑，看起來好像鼻子泛白。

以上鼻子的動作或表情極其微小，而且不仔細留意的話，往往會被忽略。再者，閱讀對方的心時，鼻子的動作一定跟眼睛的動作、眼神、眼色等連結的，所以兩者必須合起來判斷。

✵從嘴巴的動作讀心

以下所要談的嘴巴，並非從嘴巴發出來的語言，而是嘴巴所表現的表情。嘴巴的表情有以下的種類，分別隨著心情而變化。但任何人都知道的變化（例如，嘟起嘴唇是不平、不滿的表現等）從略，談一談比較難懂的。

❶繃緊的嘴巴與歪曲的嘴巴

即使內心感覺不愉快或沒趣，有些人總加以抑制，而未將感情表現於外。例如：因爲笑話或好笑的事而笑，但因只有嘴巴沒有跟隨臉孔的其他動作，於是變成扭曲或繃緊，這是一眼就可以看出來的；也就是說，突然感覺好笑，連眼睛也誠實地笑了，但嘴巴却不笑。這在兒童的情況（破涕爲笑，感情一時無法對應突然的變化）最爲明顯，而成人若非十分留意，有時會忽略。

❷乾燥的嘴唇

平常有時常舐嘴唇的「習慣」的人，另當別論；否則人時常舐嘴唇，乃是抑制內心因激動或緊張所引起的動盪，例如被觸及不欲人知的秘密或撒謊等，突然感到口乾舌燥，而喝水或舐嘴唇。刑事事件的嫌犯接受調查，佯裝平靜時，往往陷於此種狀態。

人內心在動盪而努力不表現出來時，有此生理現象：容易引起口乾舌燥、發汗作用、輕度的呼吸急促等。因此，當對方時常舐嘴唇時，不妨觀察一下額頭或手心等處是否冒汗，是否因嚥口水而喉結一上一下等。

✦從面無表情與抽搐狀讀心

人的感情有愉快、不愉快、喜悅、悲傷、憤怒、恐懼、厭惡、不信、警戒等各種心情。這些感情無論如何總會採取某種形態表現出來，即使表面上藉著理性的控制，佯裝平靜，也會在別的機會表現或改變形態呈現。

例如：在公司裏有不愉快的事，而表面上雖故做泰然狀，但那憤怒却在外面喝酒時表現，或者回家找家人出氣。這是時間上延後發洩情感的例子，至於改變形態表現又是怎麼一回事呢？所謂改變形態，並非把憤怒做爲憤怒表現或把憤怒轉化爲悲哀表現，而是更換爲另外一種截然不同的形態，而且那種更換後情感往往令人無法感受究係憤怒或喜悅。

此種感情的表現，大致可分爲以下三種形態：一是面部的表情；二是舉止動作；三是語言的表達。此地僅要討論面部的表情，至於二、三項則分別在各個分項討論。

所謂更換的面部表情，乃是面部抽筋（抽搐症狀）、緊繃的現象，由於壓抑了情感，勉強想控制面部的表情，於是臉孔不自然地繃緊，引起抽筋的症狀。此種症狀經常可見於剛挨罵的小孩、丈夫極端大男人主義的太太，對上司懷有不滿的職員等，特徵是面部相當地缺乏表情。這是因爲想壓抑著不滿的情感使不要表現出來，結果竟變成面無表情。

因此，勉強壓抑情感的結果，出現所謂的「抽搐症狀」、臉孔的肌肉抽筋、極端地眨動眼睛、臉孔的肌肉痙攣。如用讀心術仔細閱讀此種表情，即可找出對方壓抑的不滿或情意結。例如：對於非常愉快、快樂、好笑的事，對方却無反應，另外也對激烈的感情震撼反應遲鈍，從以上的情況即可明白對方原來是個感情變形的人物。你的周圍偶而可發現此種人。

Ⓑ從生理變化判斷

✫從眼淚讀心

再沒有像男人的眼淚距離讀心術那麼遙遠的東西了。因爲男人不會輕易流眼淚。男人流眼淚的情形，例如：品嚐到諸如在世運會獲得錦標之類的大喜悅時，便光明正大地當著觀衆面前哭泣，觀衆也了解，一起分享那份喜悅；另外，相反地，男人遭受到重大的屈辱時，不會在別人面前哭，而會在私底下掉眼淚。總而言之，男人流眼淚的場面，其原因是任何人均可了解的，根本用不著讀心術。

至於女人的眼淚又如何呢?恐怕再沒有比這更複雜、更麻煩的東西了。如要探討女人的眼淚，我想足足可以寫成一本書。關於如此複雜奇怪的女人心理與眼淚，此地因篇幅有限，僅就讀心術的要點談一談。

①首先，女人卽使沒有特別的理由，也會輕易地哭泣。簡單地說，就是氣氛促成流眼淚。感覺幸福快樂也會哭泣、追憶往昔也會掉眼淚，亦卽所謂感傷型的眼淚。女人自己陶醉在此種眼淚中，感到心滿意足。這個時候，男人用不著慌張，若看出女人的此種心境，應該讓她哭個痛快。

②其次是擺平不利的眼淚。這是女人擁有的最大武器，男人往往被此種眼淚欺騙，一般女人的頭腦構造是非邏輯的，不想透過講理的方式對自己的過失等提出辯解，亦卽其中存在著一流的心計，與其辯解獲得對方的同意，倒不如先流眼淚看一看男人的反應。當然，除了對男人是某種撒嬌之外，主要無非是識破了本質上怕女人流眼淚。

其證據是，如果是女人對女人時，絕不會採用此種哭法，因爲彼此已經瞭若指掌了。假使女人認爲哭泣有利於擺平自己的不利，便會以眼淚軟化對方的心情，然後按照自己的步驟進行。男人往往在女人的此種戰術下吃虧，卽使心裡有數，但大多很難認眞追究了。一旦女人的此種戰術奏效，食髓知味，後則常流「虛假的眼淚」，這在讀心術上是更難以了解的眼淚。諸位男士切莫掉以輕心，應該明辨女人眼淚的種類，以資對抗。

從汗水讀心

因緊張或興奮的感情累積，在腋下冒出的汗水叫「冷汗」，但眼睛看得出的部份且容易流汗的部份有哪些呢？這當然因人而異，首先大概是額頭的髮際、鼻頭（參照三十五頁）、脖子、手掌等。

儘管不熱，但交談的對手這些部份冒汗，一定是緊張的緣故。例如頻頻用手帕擦手心或擦眼鏡，即表示此種心境。另外，大多同時伴隨臉色的變化（或變白、或面紅耳赤）、手指發抖、太陽穴血管暴突、嚥唾液等各種行爲，只要仔細觀察即可判斷出來。

從口乾舌燥讀心

人處於極度的緊張時，即感覺嚴重的口渴。例如膽小的人必須面對數百名聽衆說話（怯場狀態），或與人激烈爭辯時，及新進職員跟老闆談話時，往往突然感覺口乾舌燥。

但即使並非如此極端的興奮或緊張，有些人熱心發表高論時，也會因口渴而飲下大量茶水，做爲循環作用：或發汗，或頻尿。怕輕易地被人識破心情的緊張，進而變成舌頭轉動欠靈活，連聲音也變調，如用讀心術捕捉此種變化，首先不妨注視喉結的移動。

嚥口水或因口乾空嚥口水，則喉結必然一上一下。當刑事嫌犯遭到嚴厲的詢問時，爲了逃避查問也會出現此現象，這表示嫌犯大多有虧心事或隱情、撒謊。

從呼吸的變化讀心

因興奮或緊張使得心跳砰砰然，當然呼吸也會隨著變化。例如：看拳擊等緊張刺激的運動時，脈搏、血壓、呼吸等均會上升。脈搏、血壓雖然無法從外判斷，但呼吸顯然加快却可看出，嚴重的話，變成喘息、不規則的呼吸。如要判斷對談中的對手的呼吸，不妨用自己的呼吸去配合對方因呼吸而一上一下的肩膀。

ⓒ從語言動作判斷

✵從語言的變化讀心

騙人莫有如語言這般有效的武器。即使平常提防著對方不誠實的人們，但依然被對方的花言巧語所騙，此種例子實在太多了。有些人和藹可親，用著誠實的態度跟我們接近，但却口是心非，說話總是迎合我們，輕諾寡信，此種人千萬不能掉以輕心。像這樣令人虛實莫辨、不可信任的人實在太多了。

但是，即便何等口是心非的人，只要我們非常留意觀察，總會發現不自然的地方。這是因爲人用語言表達心情或感情是最容易的，正因爲容易，所以也容易出現矛盾。故在讀心術，應注重對方語言的各式各樣的變化，以捕捉感情或心理，但這不僅僅是愉快時起勁，不愉快時消沉這種表面上的變化而已。任何人多多少少總是邊抑制實際的心理或感情邊說話，故可透過這些抑制的心、語言的各種變化而來做判斷。

❶平日沉默寡言的人變成能言善道時

這是很平常的經驗。任何人高興或快樂時，說起話總是比較起勁，話也比平常多。但如果沒有此種明顯的理由，沉默寡言的人却變得能言善辯時，大多是由於害怕被對方看出內心的不安或動盪而反動地僞裝出來的。也就是說，想主動帶動話題以便避開他不願被提到的話題，儘量轉移到跟主題無關的話題。另外，有時則對自己的不安或動盪表現出不必要的逞強，自設防綫、欺騙自己、安慰自己。此種沉默寡言變成能言善辯的情形，其心理上的不安必然也會出現在其他的動作、生理上的變化、表情的變化等，所以很容易看出來。

❷鄭重地措辭與挖苦

措辭跟往常不一樣，有時使用過度鄭重的語句，有時則冷嘲熱諷，大多是內心懷有敵意或反感。這也是內心的敵意或反感的反動性表現，若是不願露骨地表現此種感情的情況，則是表示他在無意識中想拉長與對方的距離。有時夾雜諷刺乃是攻擊性的表現。

這種情況，表現在其他地方的變化有：眼睛失去親近或溫和之色，或變得比較犀利，或眼光增強；另外，如笑聲等也失去自然，或表情緊綳。

❸轉彎抹角或辯解

有些人儘管我們並未提出問題，也未懷有疑慮，但說起話却一再轉彎抹角，或說明、辯解。此種人大多是特別謹愼小心的人，害怕暴露虧心事或秘密，受不了此種不安與焦躁感，另外也可能擔心對方懷疑，而轉彎抹角，或自設防綫、或辯解，以便早一刻逃避不安的心情。因此，對方的此種態度反而引起我們懷疑，只要我們不表現出來，對對方的話表示同感，一會之後，對方便感覺安心，恢復鎭定了。總之，若是小心的人，可能還有其他的變化，例如：眼神帶怯、慌張不安定、擧止動作畏畏縮縮。

❹危險的話題與故意的逃避

犯罪者潛回犯罪現場，若無其事地觀看警探的搜查，開車撞人的犯人回到車禍現場，夾雜在圍觀的人群中圍觀。跟此種心理一樣的，故意說出危險的話或提出人們不願觸及的話題，乃是藉著揭發自己最爲害怕的不安根源，以求得解脫不安的心理與緊張感。這種人所說的話，不是大膽率直地道出眞情，就是相反地道出風馬牛不相干的話，總之，想使發言極端地引人注目。對方的話中大多眞眞假假，所以只要用讀心術愼重地探究其內容，必可發現問題的關鍵。然而，此種對手極端大膽，除了話語之外，不容易出現其他的變化反應。

另一方面，跟此種大膽心理相反地，也有一種人爲了儘量逃避不安的心情，或轉變話題或想逃避現場。這究竟是膽小的性格或是小心謹愼的性格，無法一概而論，對於此種態度明顯的對手，如你故意地觸及對方想廻避的話題，咬住不放的話，那麼對方的反應往往會以坐立不安的現象表現出來。例如不敢正視你，而低頭或換翹另一邊的二郎腿，或拼命抽烟，以擺脫內心的不安與焦躁。

❺同調與迎合

雖然平日跟我們不算談得來，但偶而卻變得十分投機，或者有意迎合我們，此種對手千萬不能掉以輕心。他必定有什麼目的或陰謀，不能拂逆你的意思，所以大多是暫時性的同調迎合。例如：故意對你示好，或大獻殷勤、賣人情。但，這些往往是事先安排的，事後難以拒絕。總之，此種同調或迎合務必要留意，至於如何識破呢？對方的同調一定存在著不自然，例如：不好笑的事却大笑，對於批評他人的話題亦積極地表示贊同；相反地，一定會煽動你的不安，例如說：「不趁早把握以後會後悔。」等等，此時對方的眼色恐怕是很精明的。

從手腳的動作讀心

任何人都無法使愉快、不愉快的感情，完全不表現在擧止動作上。如果心情愉快，動作自然地帶著幾分快活，變得開朗活潑；相反地，悲傷或心情不好時，態度自然比較消沉，而且變得比較消極。做爲此種心理表現得最爲淋漓盡致的例子，不妨觀察一下在咖啡店等女朋友的男士。

一名手持雜誌的男士，走進咖啡店，首先迅速望一望周圍的座位，看一看女朋友是否來了？

不安感

還沒來，於是找個適當的座位坐下。先看手錶，確定時間後，向服務生點咖啡，燃起一支烟，盯著入口，當然沒看見她的人影。然後，仔細環視一遍室內，啜一口擺在桌子上的白開水。咖啡送來，加糖，捻熄香烟。

一邊茫然地望著入口，一邊喝咖啡，再點一支烟，眼光或望向其他情侶，或跟著服務生移動。有點神經質地彈著香烟灰，這才開始翻開雜誌，雖然眼睛在看，但却心不在焉，每當有人出入便抬頭看。

咖啡喝完了，繼則把開水倒入咖啡杯子。合起雜誌，再點起一支烟，視綫以入口爲中心，游移不定。再看手錶，從懷中取出二張類似電影入場劵之類的東西，仔細審視著。

其次檢查自己的服裝，彈一彈褲子上的灰塵，調整一下領帶，好像不太情願地喝一口開水，換翹另一邊二郎腿，此時臉上業已開始顯露輕微地不耐煩，手指頭像彈鋼琴一般輕輕敲著桌子。連吸幾口香烟，還剩一大截便捻熄，吹一吹桌子上的烟灰。

等待的人依然還沒來，明顯地顯露焦躁之色，皺著眉頭，輕咬下唇。再換翹另一邊的二郎腿，挺一挺背脊，其次深深地靠著椅背，過不了一分鐘，又改成淺坐，用鞋尖踢桌脚，最後把雜誌捲起來，在桌子上敲一敲，看一看手錶。

❶手指的動作　手指頭做出彈鋼琴的姿勢，表示內心焦躁；香烟頭微微發抖，表示內心動盪、緊張、興奮。另外，無意識地拂去褲子的灰塵或挖指甲，表示心不在焉。

❷脚的動作　不時換翹另一邊二郎腿，乃是想擺脫焦躁或無聊的行爲。用鞋尖踢桌面或用脚踵踩地板打拍子，表示內心正在思考別的事。另外，像牢籠中的熊一般踱方步，表示正在思索問題或想擺脫心裡焦躁感所表現出來的行爲。

❸其他的動作　交談對手的姿勢也是一個問題，當然這不能一概而論。若有心理上的不安或別有居心，姿勢並非固定不變，往往身體傾斜而且角度大，尤其前傾的傾向頗多。然而，抬頭挺胸的姿勢未必就光明正大。

從談話方式讀心

從談話方式也可判斷人的性格或心理。尤其口音率直地表現生長的地方，從用字遣詞大致也可看出家庭背景。

少數幾個人一起聊天時，有的人會爭先發言或隨便打岔，此種人大多是自我中心型的人，因此凡事均以自我為中心，來思考行動，亦即所謂任性的人。另一方面，也有一種人被打岔便不說話，這是消極型的人，雖然內心不滿，但因性格內向，總是避免堅持。

同樣地，當二個不熟悉的人坐在一起時，為了免於話題中斷而拚命接腔；但是，由於年紀差距懸殊，及社會環境、職業等的差異，找不到共同的話題，使得雙方均沉默下來，也是常有。

此時，那些為了打開僵局而設法提供各種話題的人，可說是屬於具有協調性的社交型。相反地，也有一種人不願接腔，這是沒有協調性的非社交型，即使有意接腔也是心有餘而力不足。另外，有一種人對於此種僵冷的氣氛感覺無關痛癢，這是尊大型的人。

除此之外，有一種人總愛領導交談中的話題，獨自佔了八成以上的會話，另，也有一種人總是當聽衆。還有一種擔任主角的人物，負責話題的開始與結束，並提供下一個話題。

如果實際用讀心術了解對方的心理，只要觀察力好，卽使再瑣碎的材料也可以看出許多。如：談話中的附合聲也因人而異，有的人只在要點的地方才表示「不錯」，或點頭表示「嗯」，這是思慮深的穩重型；有的人却頻頻點頭，連聲說：「嗯、嗯、嗯」或「是、是、是」，這種人具有協調性或妥協性，但比較急性，並非思考型的人。

總之，不要忽略經常對周圍的人們進行觀察，儲存預備常識。萬一有朝一日面對問題時，由於事先了解他人的性格、日常的舉止、動作、習慣、想法，因此，對於他的心理動向或感情，也就比較容易了解。

從習慣或習性讀心

每個人多少有一些習慣動作，倘若有個拍著胸膛說：「我沒有。」那麼他至少有驕傲的習慣。總之，人跟習慣似乎是分不開的。有的人思考問題或認眞看書時便咬指甲，有的人喝酒便興高彩烈，有的人喝酒便感傷；與人交談時，有的人會下意識地用手指頭揩鼻子，也有的人抓一抓頭皮屑再聞一聞，也有的人把指關節弄得咯咯作響，也有的人說話像洋人一樣做出誇大的手勢等，眞是不勝枚擧。

至於女性，有的人說話時必定一隻手托著腮，有的人雖然不是在笑，但却做出以手掩口的動作等，有用手接觸臉部習慣的人實在很多，此乃是深層心裡有自卑感的人，也等於是向別人公開自己沒有信心。另外還有一種不好的習慣，就是有一種婦女老是用力壓著裙子的邊緣。如在交談中一再使用這一招的話，好像把對方當成猥褻的人看待，實在不好。

此種對於裙子感到介意的女性，令人感覺似乎很有貞操觀念，但却往往出人意料之外地隨便。此種女性必然淪爲精通讀心術的獵人們的餌食。但若斷定她們沒有穿迷你裙的資格，未免言之過早。

如果記住別人的此種習慣或習性，即可明白對方在何種狀態會發揮根深蒂固的習慣。例如：經理清理烟斗時總是心情愉快；開會時用火柴棒挖耳朵的上司，必定是工作上發生麻煩。

如果你仔細留意周圍，將有許多意外地發現。人的習慣總在無意識中流露出來，所以只要平常多留意也就比較容易讀心了。

從外觀判斷一般的性格

Ⓐ根據服裝、飾物判斷性格

服裝與飾物乃是自我的延長

在對人做判斷先從臉孔開始，再其次從該人的服裝或携帶的物品，做個大致的判斷，這是很平常的。服裝或携帶的物品之所以被稱爲自我的延長，乃是因爲它們是由他本人所選擇，並且穿著或佩戴在他身上，而塑造出屬於他的氣質的。換言之，視之爲他本人的身體的一部份也不爲過。

以前，長髮與大草帽通常被視爲畫家或藝術家的標幟；晚上濃粧艷抹的婦女可能被視爲酒家女。而且，服裝或携帶物不僅表示該人的職業，甚至也表現趣味、性格、嗜好。例如：一絲不苟的人連服裝也整整齊齊；凡事不拘泥的人極端地不講究服裝，至少穿著很普通。總之，我們常可從外表去掌握對方的人格、經濟狀態、環境等。

然而，世上例外的事非常多，不像富翁的富翁比比皆是，這已不在話下，也有不像大學教授的大學教授，甚至可以說現代這種「不像」的人物有逐漸增加的趨勢。因此，事先從外表判斷一個人，等到經人介紹後，才感到有眼不識泰山的例子，實在太多了。

以前客棧的掌櫃，看客人的鞋子安排房間，如今消費生活濶綽，物品的種類也繁多，所以單從一件東西評定客人實在不可能。住宅區晾晒的衣物有顏色鮮艷的睡袍，也有黑色摩登的襯裙，漫不經心地打聽之下，方知是年逾五十的婦人所有，不禁感嘆連讀心術也難了。

讀心術與自我的延長（服裝或携帶的物品）究竟有何關連呢？所謂讀心術，原來的功用是了解對方的心及意向、感情，所以從對方的服裝或携帶物品，大致了解對方究係何等人物，也是很重要的。因爲人因職業或所屬階層，在某個程度上的想法或行爲便有一定的方向。

例如：醫生基於身爲醫生的職業，對於疾病或生命擁有固定的信條；醉心摩托車或跑車的年輕小伙子，認爲速度才是値得自己傾注一切的最高眞理；酒吧女服務生具有一項共同的觀念，就是男人都是猥褻的動物。再者，卽使在同樣的職業中，也因各人的境遇或階層，對於一件相同的事情有顯然不同的看法，女服務生是女服務生，女老闆是女老闆，各人的行爲、價値觀、思想等都不一樣。

所謂「讀心術」，便是利用此種職業或階層的人們的共同看法而產生的。

茲以日本政黨支持的問題做爲例子。

「請問你支持什麼黨派？」對於這類的詢問，若是有資產或是經濟上良好的年老醫生，絕對是支持保守黨的；但若是情況不理想的實習醫生，也許支持社會黨。

酒吧的女老闆，也許認爲若不支持保守黨，恐怕不能開店；而有小孩的女服務生，也許支持社會黨，期待能夠洗手不幹。

再者，飛車黨的年輕小伙子也許對這些事情不關心。

✦對服裝一絲不苟的男人

任何人總會「迷上」一些事，例如：有人迷賽馬、麻將等賭博方面，有人迷古董、盆栽，也有人像小孩一樣迷上模型飛機或模型汽車，甚至也有人說：「我沒有迷上任何一項，也沒有任何嗜好，喝酒是我唯一的快樂。」這麼說來，此人可算是迷上喝酒吧！同樣的情形，喜好尋花問柳，迷上女人的男人更是比比皆是。

以下我們就分析一下熱衷於服裝或飾物的人。

有所謂從頭到腳一絲不苟的紳士。英國製的西裝、絹布的領帶，皮鞋是小牛皮或小羊皮做的；至於飾物，鱷魚皮的腰帶、珍珠的袖釦或領帶夾，手錶是瑞士名牌，眼鏡是舶來的高級品，打火機若非郎森（Ronson）就是丹希爾（Dun hill），香煙則是琥珀的，手帕也不是平常的棉布或麻布，而是絹或刺繡的，而且使用紳士用化粧品，發散出一股芳香。在你認識的人當中，必定有一位此種人物。

然而，此種紳士似乎有共同的性格與心理。例如太過著迷於打扮的人，一般來講，其興趣的範圍似乎比較狹窄；反過來說，趣味太廣則無法兼顧，而且財力也有限。因此，太會打扮的人比較缺乏趣味方面的話題，交際範圍也似乎不廣。

再者，由於心理上裝扮自己的意識強烈，因此，多少有藉裝扮外表以便比別人更具心理優勢，彌補內心的弱點。此種弱點也許是肉體上的自卑感、女性情意結、欲求不滿等。而且，這種人在個性上很少是豪放磊落的開放型，幾乎都是神經質、謹愼、內向型，對於頭髮散亂、香烟灰或領帶歪曲等非常介意。

另外有一種人雖然結了婚，但內衣褲一定自己洗。難道這是自己的污物不願被別人看見，潔癖性強烈的表示嗎？此種人大多不干涉別人，也不願被人干涉，或者自己的工作，絕對不交給別人做，自己一個人從頭負責到底。但由於此種個性的緣故，往往拒絕接受別人的意見，而變成固執己見的人。

如果你的生意對手是此種類型的人，因爲其個性上內向性、自閉性強，所以有必要定下心來探知對方的態度，再採取行動；如果隨便承諾，難保他事後不索賠。再者，此種人具有神經質的性格，故初期切忌使用殺價戰術；其警戒心也強，若不充分打開隔閡，恐怕以後會要拗。

顏色與人的性格

看到塗紅色的三角形，有的人強烈地意識到紅色，有的人強烈地意識到三角形。選購服裝或飾物，有人先決定顏色，也有人先決定形狀。故可分成以下二大類：

❶注重顏色的人，是明朗的社交家類型，但大多是比較缺乏自制力而重感情的人。心理學上稱之爲「躁鬱性氣質」、「外向型氣質」。這種人選擇物品時，只要顏色喜歡，即使形狀不太喜歡，照樣可以將就。此種類型的人總是以顏色爲優先。

❷注意形狀的人，是內向、缺乏社交性的內向型的人。心理學上稱爲「分裂性氣質」、「內

什麼性格的人選擇什麼樣的顏色

性格	選擇的顏色	特色
歇斯底里的神經質	紅	是個感情用事者，通常帶有自卑感，也常虛張聲勢。
分裂性神經質	紫紅	注重外表修飾，並且會希冀不合自己身分地位的事，是個不知冷靜客觀地判斷自己個性的人。
躁鬱型	粉紅、黃、橙	是個有開朗、樂天個性的社交人物。
精神病類型	白、青、青綠	缺乏感性，具有果斷力和實踐精神，同時也重視愛情和廉潔心。
堅忍性（顛癇症）	綠、黃綠、暗褐	嗜好、交際範圍狹窄，缺乏細緻的心思，但爲人嚴謹講義理。
分裂性	紫、青紫、暗紅紫、暗褐、黑	不善交際的思考家，內心喜怒不易表露在外，是個很能控制情感的人。
神經質	灰色	缺乏獨立自主的個性，沒有能力自己解決困難。

（註）歇斯底里型或神經質個性的人，大多會同時選擇紅和黑、粉紅和灰色如此完全相對立的顏色。

向型氣質」。這種人選擇物品時，重視形狀甚於顏色，只要形狀喜歡，即使顏色不喜歡也會購買。此種人總是以形狀爲優先。

如上所述，分成對顏色較關心的類型與對形狀較關心的類型，而此一傾向尤其容易出現在服裝或飾物，故可做爲判斷對方個性的材料。另一方面，顏色的喜好與人的性格究竟有何關係呢？

例如：穿紅襯衫的男子，具有感情強烈的性格等等，能否如此簡單地下斷言呢？當然，此種單純的判斷是危險的。人對顏色的喜好乃由更複雜的內容所構成，不能一概而論，尤其顏色的喜好，該人看見某種顏色所喚醒的記憶內容促成決定的情形也相當多的；另，或受到流行左右，或隨著知識教養，而對顏色的喜好也有所變化。

前頁的表格是根據統計的結果，不妨用做判斷個性的大致指標。

從女人的服裝與飾物判斷性格

年輕人穿著鮮艷的粉紅色或紅色衣服，不能就此斷定紅色是適合年輕小姐的顏色，問題似乎在於顏色的使用方法、服裝的樣式、平衡等。

例如同樣的華麗的色彩，但樣式普遍，穿起來很合適；相反地，另一位穿著華麗的色彩與華

麗的樣式，把周圍好奇的眼光誤以爲是讚美。前者乃是發揮年輕人的特權，旁人看來也覺得順眼，但後者顯然心理層面有問題。

年輕小姐毫不例外地努力想使自己顯得更美，但是不懂得使自己顯得更美的方法或素材（本質上的風格）有一定限度的女人，也就像前者一樣變成裝扮過度的女人了。因此，若是沒有發覺到，只要多跟鏡子商量，卽可發現其他使自己更美的方法。

此種女人對藝人（影星、歌星、模特兒）等懷有天眞的想法，把周圍好奇的眼光或輕視的眼光，錯以爲是自己的美麗引人注目。

一般而言，此種類型的人虛榮心強、愛漂亮，完全沒有深刻的教養或知識，在衆人的環境中故意裝模做樣，但如跟認識的人在一起，隨卽顯露本性，變成沒有教養的女人。但其本性大多不會有太大的惡意，甚至還很善良。

另外還有一種女人，即使在家也穿華麗的衣服或外出服。這種人眼睛總是朝外，而且所謂懶惰的傾向頗強，經常逛百貨公司或到朋友家玩，心理上總是藏著外出的慾望，如因不得已的事情稍微壓抑便引起歇斯底里。

其次，還有一種年輕小姐喜歡戴男用的大手錶。此種女人大多在心理上對男性懷有強烈的情意結，喜歡男人在工作機能性的一面，憧憬自已喜歡的男人，甚至有渴望同化的傾向。此種女人大多個性比較豪爽，喜歡交異性朋友，甚於同性的朋友。

一般而言，無論男女都擁有可以搭配得很恰當的服裝或飾物，若有不調和的打扮，通常會被認爲在心理上有不平衡的傾向。

如果對方的女性穿著極端華麗時，不妨採用以下的方法加以識破。

首先，在腦海中將對方華麗的裝扮全部去除，換上很普通的衣服。如果換穿之後似乎比較適合她本人，那麼判斷她心理上失去平衡應該是不會錯的。

Ⓑ從外表與體型判斷性格

體型與性格

觀察一些向酒吧女服務生辯解說「胖子沒有壞人」或「禿頭是好人的證據」的紳士，一定都是頭髮稀少、下腹突出的體型。然而禿頭或發胖的人果眞都是好人嗎？

如果能夠簡單地從一個人的臉形或體型區分好人或壞人，那麼人與人的交往就很單純了。絕不會有人願意跟壞人交往，而且警察要逮捕犯人就很容易了，另外也可觀察商談對手的體型使交易對我們有利，如果對方是女性的話，也可避免善妒或歇斯底里的女人了。

然而，事情沒有這麼簡單，這就是世界可愛的一面。有看來善良的人却犯下兇惡的罪行，乍看似乎忠厚的男人竟欺騙女人；相反地，兇神惡煞一般的人，也許是個規規矩矩的好人。由此可見，人誠然不能貌相。

事實上，日本科學辦案與研究專家今村義正，也在著作「犯罪人與容貌」列舉證據，否定著名的羅布遜天生犯罪型說，而認爲犯罪者沒有一般共通的相貌，沒有一定的方式可以確定犯罪者有特別異於一般正常者的徵候。而最近一些兇惡的殺人犯，臉孔並不像一般想像中兇惡，往往五官端正，甚至稱得上是美男子，也許反而偵辦案情的刑警長得比較兇狠。

威廉·瑪奇也在「壞種子」中曾說道：「世人總是認爲大量殺人的人，如同其不正常的心理，容貌也是很可怕的。然而，這是大錯特錯的觀念，事實上，這些犯罪人無論容貌、行爲，跟他們那些完完全全是普通人的兄弟姊妹比起來，反而更加普通，他們更加明顯地給人具有實德的印象。」

我們的話題竟跳到犯罪者的容貌，總之，我想說的是，無論任何人，臉形或體型並未正確地表示他的性格或心情。

雖然如此，根據容貌或體型所分類的性格，有著某種一定的傾向。在學術上，早在一百年前便把它當做人類學來研究了，後來又綜合肉體與精神，亦卽形態學與心理學，也就是從心與身兩方面做綜合性的研究。目前做爲人類生物類型學，以美、法、德、義四國的研究領先，大概都是研究體格與性格的關係，並把這相異的兩者綜合起來，做爲研究的方法論，以達到約略的預測。

但是，有關人的身體與心的相關關係的研究，似留下甚多未知的領域，有待今後更多的研究。至於禿頭、肥胖的人物，大致有何種性格呢？此種類型上的區別可說已經大致完成。體型與性格的關係在讀心術也是很重要的，以下以德國著名的克雷奇瑪教授的學說爲基本，綜合各國的學說，並試著加入讀心術的考察。

躁鬱型的體型

①圓渾肥胖，脖子粗短。
②肩膀圓，胸部小，腹部突出。
③四肢粗短，手指粗短。
④氣色好，大多臉色紅潤。
⑤皮膚光滑，紋路細。
⑥皮下脂肪多、柔軟。
⑦臉孔圓。
⑧臉形呈五角形，輪廓深邃。
⑨肌肉、骨骼的起伏不明顯，容易變成雙下巴。
⑩臉孔各部份之比率很調和。
⑪鬍子分佈平均，大多比較濃。
⑫其他的體毛也以濃的人較多。

躁鬱型的體型

⑬頭髮柔軟，大多有輕微的捲髮。
⑭容易禿頭，而且禿的地方有光澤。
⑮禿的部份與長毛的部分界綫分明，禿得好看。

以上的特徵是躁鬱型常見的典型體型，但躁鬱型未必都有這些特徵。例如體格符合躁鬱型的特徵，但鬍子少或者未必禿頭等，部份上的例外也是很多的。另外，也有體型的特徵跟其他的體型混合而難以區別的，故有必要比較各個特徵，定出比重的多寡。

躁鬱型的性格

此類型的性格，首先是不會心懷鬼胎，本質陽性，對任何人大多很親切，有時也很幽默、快活，是和藹可親的好人。生氣時會悶悶不樂，但事後不會懷恨在心，是廣交朋友的社交家，喜歡談天說笑。有話憋不住，馬上一吐為快。

同時，也樂意接受他人的請託，喜歡動身體，但行動緩慢，不算靈敏。雖然外表或動作穩重，但做事很活躍，而且很熱衷。

然而，躁鬱型有躁期與鬱期的交替。所謂躁期是上述陽性的一面，鬱期則是陰性的、憂鬱的一面。做為躁鬱型的特徵，必定有躁狀態與鬱狀態情緒交替的時期，為期數個月快活陽性的急躁狀態，突然一下子轉變為暗淡陰氣的憂鬱狀態。至此，粉紅色的人生突然變成灰色，經過一定期間之後，又恢復為原來的粉紅色，此種循環定期地重覆著。

雖然此種循環因人而有程度上的差異，但躁鬱的個性，會因個人的特質而有陽氣的時期與陰氣的時期，此兩種時期經常會交替而來，而交替的期間、情緒變化的程度因人而異，不能一概而言，其中也有整年幾乎不變的人，但只要仔細觀察，必可發現此種情緒的交替。

再者，卽使同樣是躁鬱型者，有的類型是陽氣的躁狀態比較明顯，有的類型則是陰氣的鬱狀態比較明顯。前者凡事都很積極，陽氣的一面比較容易引人注意；後者乍看之下，給人消極地、非活動的感覺，但並非發自本性的陰氣，而是舉止動作穩重，對人謙恭有禮。

基於以上躁鬱型大致的性格，故有所謂「禿頭的人是好人」的結論；當然，這是一般的類型，躁鬱型也有許多例外，像邪惡的騙徒或犯罪者也有躁鬱型者。輕易地下結論說躁鬱型者是好人，未免言之過早，而且也危險。所以，必須留意，切莫一開始便受縛於躁鬱型的先入爲主觀或偏見。

躁鬱型的生意對手與躁鬱型的女性

如果跟此類型的人做生意，首先你最好能避免嘮嘮叨叨的交涉，而且儘可能乾脆俐落，給予對方好感，這樣比較有效。如果對方態度強硬，毫不讓步的話，那麼你不妨用率直的態度，表示你的立場或情況。

因爲躁鬱型者會諒解或同情別人困難的處境，因此，一旦被訴之以情，就會呈現脆弱的一面；再者，萬一惹火躁鬱型的人，對方大多不像你所想像的那麼憤怒，而且也不會老是記恨，只要找機會率直地道歉即可了。

接待躁鬱型的人，不用太過費心，因爲他原本就是陽性，所以大多馬上融入氣氛，發揮社交性。

如果判斷對方好像處於鬱狀態，若是屬於輕度的，你不妨舉止輕快一點，自有方法可以暫時消除對方的鬱狀態；如果是強度的鬱狀態，那麼不妨用點技巧，不要急於進行交易，慢慢配合對

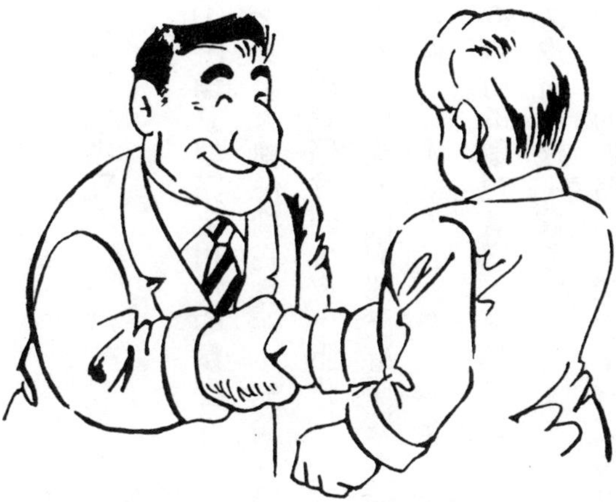

方的步調，等待其情緒的好轉，始爲上策。

再者，對於躁鬱型的對手需要留意的是，因其性格上有好的一面，卽使已經成交的生意，萬一有他人強行介入或受到人情包圍，也許就會變卦；另外，卽使沒有惡意，但愛說話往往會不小心洩露別人的秘密，這一點也是應該留意的。

其次是躁鬱型的女性，此類型一般上富有母性愛，心理上最爲女性化。例如樂意幫男同事修補鈕釦或泡茶之類的，卽使看見陌生人的嬰孩，也會親切地抱一抱，特徵是人好、親切、容易聽信異性的甜言蜜語。如果擁有此種女性做爲結婚對象，你身邊一切瑣碎小事均可照顧得無微不至，堪稱方便，雖是賢妻型，但做爲交遊的對象並不理想。

此外，這種女性若因愛情的不如意，而遭到心上人背棄，基於天生的樂天氣質，也不至於受到太大的傷害，很快就可以站起來，而且容易忘記前車之鑑，再度被別的男人欺騙，是屬於典型可愛的女人。

分裂型的體型

①跟躁鬱型完全相反的類型。
②身體各部份細長貧弱，無論身軀、四肢、手指均細長。
③肌肉骨骼貧弱，皮下脂肪少。
④肩膀雖寬，但胸部沒有厚度，肋骨明顯可見。
⑤關節嶙峋。
⑥皮膚的顏色蒼白，氣色不佳。
⑦皮膚乾燥，紋路粗。
⑧臉部的骨骼細，身體上有立體感。
⑨太陽穴或眼窩的部份骨骼明顯、鼻骨高聳。
⑩從前面看，頭部輪廓呈短短圓卵形。

分裂型的的體型

⑪下巴貧弱，鼻子細而高。
⑫毛髮硬而且多，但容易變成白髮。
⑬不容易禿頭，萬一禿頭，禿的方式不雅觀。
⑭眉毛、鬢角、鬍子、胸毛等體毛濃。
⑮女性則汗毛濃。

以上是分裂型者常有的特徵，也許你已經有個大略的概念了。另外，分裂型的女性，其特徵有瘦小、臉及手脚等處汗毛濃，尤其額頭的髮際長著濃濃的汗毛。因爲分裂型大部份的女性頭髮都很多，所以一些秀髮豐富的佳麗幾乎都是此一類型。

✵分裂型的性格

屬於俗稱「孤僻」的類型，非社交的性格。性格上正好與躁鬱型相反，很少與人坦誠相處，對於周遭也極端漠不關心。個性傲慢、乖僻、個性內向，總是躲在自己的殼中，令人難以接近。而且，經常拒絕別人走進他的內心，總是打算自己一個人生活在自己的心中。

由於生性喜歡孤獨、接近大自然或閱讀書籍，不喜歡與人交往，因此在別人面前，始終都表現得沉默又害羞。不但感情細膩，容易受到傷害，而且會神經質似地興奮過度，在美麗的女性面前，雖然強烈地意識到對方的存在，但是態度曖昧，無法積極地跟對方聊天或做出親切的舉動。也就是說，分裂性的性格，其特質在於此種內閉性，所以總是逃避他無法跟外界適應這一現象。

但是，分裂質的人當中，未必就沒有非常善於交際的人。然而，此種類型的人不會完完全全地坦誠相見，內心總懷有一股冷漠；換言之，就是沒有躁鬱型者那種由衷地親切心或溫暖，不但本性自私，而且一般大多冷酷、冷淡。

再者，內閉性並非總是想封閉自己的消極類型，有時也會採取令人驚訝的積極態度。例如原應沉默寡言、默不作聲才對，但却一反常態，變成攻擊性的態度，或痛罵、批評別人，或採取有失厚道的行爲。此種過激的行爲，也可視爲內閉性的另一面。

躁鬱型的行動穩動沉著，有時甚至令人覺得慢條斯理；相反地，分裂型者的行動非常迅速，而且大多是突發性的。平時顧慮多，顯得有點畏畏縮縮，但有時却做出超乎常識的行爲，或者採取出人意表的行爲。舉止動作靈活迅速，但做起需要勞動身體的工作却很容易疲倦。

分裂型的最大特徵，應該說是在於意識的分裂傾向吧！簡單地說，心中總是共存著左與右兩個相反的意識。例如一件很瑣碎的事，像午餐「吃麵或咖哩飯呢？」此種別人看來無聊之事，却足以令分裂型的人感到心煩。在他的心中，吃麵與吃咖哩飯這兩個相異的觀念衝突，引起了意志的障礙，使他不知如何是好。

而且，猶豫到最後關頭所做的抉擇也一定不會滿意，選擇右邊則後悔左邊較好，這就是分裂型者的特徵。因此，分裂型者經常在後悔，心中總是懷有不滿，是屬於欠缺適應能力的性格。另外，心中共存著二種互爲相反的意識——自卑感、謹愼、小心、膽小、羞恥、順從等，相對的，也有優越感、傲慢、尊大、非常識等，乃是比躁鬱型與後述的堅靭型更難以對付的類型。

分裂型的生意對手與分裂型的女性

如果跟此種類型的人做生意，首先最重要的是留意勿給對方造成警戒心。因爲分裂型者一開始便對你懷有相當程度的猜疑心，所以，如果你也一樣擺出架勢的話，就容易引發對方的警戒心，於是更加愼重地躲在自己的殼中，生意也就觸礁了。

你應該採取坦蕩的態度，千萬別讓對方看出你心中別有企圖。

其次，談出結果之後，趁對方沒有改變主意之前，先訂完整的契約，切莫以爲口頭約定卽夠，事後把約定的事完全推翻的可能性並非沒有，因爲分裂型是不滿型、後悔型。

相反的，如果交涉的進展不合你的意思，而且對你不利時，不妨暫且擱置下來，另找機會展開交涉。分裂型改變心意的機會多，而且，由於對方天生內向小心，因此，如果你看穿他的底牌，不妨徹底地猛吃他。

但是，進行交易時，如同對躁鬱型一般訴諸對方的感情反而有害，因爲分裂型者個性冷淡、冷酷，一旦看穿你的底細之後，可能轉爲高姿態。

除此之外，對於分裂型的對手，必須注意不要傷害他的自尊心，不要惹他生氣；因此事情交涉不順利時，乾脆不理承辦人，逕自找他的上司交涉，如此將可刺激對方。分裂型有點神經質，感情也細膩，一旦生氣很難化解，而且可能懷恨在心，甚至找機會報復。總之，注意不要傷和氣是很重要的。

再者，接待此種對手時，最好要先有一番了解，否則招待不週，只有徒增對方的警戒心。至於接待場所，可以技巧一點打聽對方的嗜好（酒或女人之類的區別），然後加以配合。分裂型是心理上複雜的類型，也許具有令人意想不到的心理或嗜好。

最後，對自己寬大對別人嚴格，也是分裂型的特徵，即使小小的瑕疵也不原諒別人。因此，連交貨後的索賠或取消也必須留意，總之，這種人是不到最後關頭不能疏忽的對手。

至於分裂型的女性究竟是什麼樣的人？首先浮上腦海的，應該說是精神比肉體「發達」的類型，肉體瘦小貧弱但精神却複雜發達，心理上表裡多變的女人，在男人面前有時莊重、有時却輕佻，是善變而難以捉摸的類型。

一般而言，這類型的人給男人極好印象，但在同性間風評却不佳。另外，愛憎兩面有強烈的特徵，跟男朋友好時則沒問題，一旦被遺棄，憎惡或嫉妒心異常之強，不惜報復或同歸於盡。雖然如此，個性上却很自我中心，而且自己很散漫，却又不容許男人另結新歡。但好的方面是，個性的魅力或卓越的知性能力甚於性的魅力；是動作活潑、腦筋靈活、智能高的女性，很會挖苦、批評別人，可能具備對女性無緣的思索性或邏輯性。這對男性交遊的對象而言，可說是最有趣而恰當的女人了。

✦堅韌型的體型

①骨骼與肌肉雄偉，體格魁梧。
②體型大體上給人一種粗獷的感覺。
③肩膀與胸部寬而且厚。
④四肢的骨骼與肌肉健壯，腰圍小，體型呈倒三角形。
⑤脖子壯、手脚大而且健壯。
⑥臉孔也跟身體一樣粗獷，較男性化。
⑦皮膚厚，毛孔大。
⑧臉孔紅黑、油脂多，容易長青春痘。
⑨臉孔的骨骼中，頰骨健壯，下巴發達。
⑩肌肉結實。

堅韌型的體型

⑪口大、嘴唇厚。
⑫臉孔大，無論寬度或長度均長。
⑬臉孔的輪廓呈長卵圓形、長臉形。
⑭頭髮或體毛的發毛狀態介於躁鬱型與分裂型中間。

堅韌型的體型介於躁鬱型的肥胖型與分裂型的瘦弱型的中間，肌肉發達結實。此種體形頗多運動選手，尤其拳擊、摔角、柔道等，因爲他們的體型或肌肉等最適合這些運動。

堅韌型的性格

性格的特徵就是堅韌。不同於躁鬱型的沉著穩重或分裂型的優柔寡斷，堅韌型不會在中途心猿意馬，一旦決定目標，便朝著目標勇往直前。其實，這也是由於堅韌型者對於刺激的感受性遲鈍的緣故，例如若是感情細膩的分裂型者，必然大發脾氣，而堅韌型者却沒有什麼感覺。

此種對刺激的感受遲鈍、廻響不佳，也就形成了堅韌型的特質了。因此同樣是運動比賽，如拳擊或摔角之類的挨打或被摔等刺激強烈的運動之所以適合堅韌型，與其說體型適合運動，毋寧說是性格或心理層面上的堅韌特性。如果拳擊手是對刺激敏感而脆弱的分裂型，也許在肉體上挫敗之前，精神上已經先挫敗了。相反地，若是善良樂天的躁鬱型，因對勝負沒有期許或執著，所以實在很難朝著目標勇往直前。

雖然平常規規矩矩，對於刺激也很鈍感，可是一旦激動起來却勃然大怒。事實上，此種例子實在太多了。連芝蔴小事也發脾氣的是分裂型，而當和事佬的則是躁鬱型，一旦超過限度，堅韌型便會突然大發雷霆，一發不可收拾。

堅韌型的特徵是爲人穩重、講信義。一心一意朝著目標前進，所以大多過著踏實的社會生活，且是守程序的保守型。行動鄭重，並非社交家，但是明辨是非，對於他人的恩惠或禮貌必然忠實地回報，生活態度嚴謹。另外，雖然沉默寡言、當仁不讓，但也有頑固的一面，有時也會常支配別人或命令別人。

堅韌型的生意對手與堅韌型的女性

如果跟堅韌型的對手談生意，一開始便應該按部就班地交涉。如果太過離譜或有不得要領的地方，除非堅韌型者覺得自己想得通，否則不願繼續發展下去，這便是堅韌型的個性。另外，即使你表示有急於使交涉成立的意思，但對方却無動於衷，悠哉悠哉地以自己的速度談判。

看出對方有此種態度時，你只好定下心來，不急不躁地奉陪到底了。

但配合對方的速度，你却無法展開有利的談判，所以最重要的是，你要掌握談判的主導權，不厭其煩地展開多次的談判。

堅韌是對方的優點，所以你也應有足夠的堅韌跟他對抗，以近乎嘮叨的程度針對每一項問題進行講理，發揮此種意味的堅韌，主導談判的拍子。當交涉成立時，此種對手基於天生的嚴謹，大概會要求正式的契約。萬一只靠默契的話，也許雙方對目標的期許不一樣，說不定最後導致非常大的誤算。

堅韌型的特性有著頑固的一面，一旦決定之後，很難再改變。正因如此，所以只要他相信一個人，便會徹底地相信，一旦他誤解時，要化解也很不容易。另外，在感情上則是遲鈍的，可是

耐性強、很少發脾氣，因此，一旦生氣就是眞的生氣了。

此種對手有時會對交涉的對手擺出命令式、支配式的態度。另外，在工作上卽使明知自己不對，但却打算錯到底。此時，當場說服他並非明智之擧，應該另找機會與他詳談。

當談判觸礁時也一樣，應該靠接待來改變他的情緒，讓他開口說話、尋求溝通。總之，對方的性格乃是集中地針對旣定的目標，而你則不急不躁地與他周旋到底。

至於堅韌型的女人，應該說是屬於談戀愛馬上聯想結婚的類型吧！對於把戀愛與結婚分開想的男人而言，也許是很不恰當的女人。雖然外表豐滿，富有性的魅力，但令人意外地，大多觀念守舊。而且跟分裂型相反，其肉體比精神「發達」，外表長得漂亮，但精神面却有待充實。雖然外表秀麗，看似聰明，但腦筋並不靈活，無法領會知性的會話或高級的葷話。

臉孔的類型與性格

每個人分別長著一張不一樣的臉孔，因此試圖用既定的標準型來衡量人的臉孔，自然是錯誤的。太多的臉孔不能適用於任何類型，而且根據類型所判斷出的性格未必是絕對的。爲了參考起見，玆將著名的柯爾曼「根據臉孔類型的性格」一書摘要如下，但必須牢記的是，這只是一般的傾向而已。因爲人類並非單純到只靠臉形卽可區別性格，而且，爲了對應現代複雜的社會機構或人際關係，人往往不得不戴上二層、三層的假面具。

純粹膨脹型 （肥軟的圓臉，通俗的常識人）

這種人能毫不區別地、平等地跟任何人相處。可說是人際關係極爲圓滑，無論任何環境均可適應的通俗者。

行動節奏緩慢

此種人行動的節奏大而緩和，雖然身體動作與手勢均大，但悠然自得。喜歡活動，也很耐得住單調的工作，做起來認眞。

另外，也喜歡聊天，能坦白地道出自己的心情，聲音高而悅耳，神采飛揚，經常面帶微笑。

同時，也嚴守別人的命令或規律，而且具有加以實行的才能。雖然工作上缺乏自覺性、獨創性，但擅長處理現實的問題，具有調停者的能力，能收拾、處理困難的事態。凡事講求實際，只對現實的、具體的事關心或感到興趣，承認其價值。

凡事重視習慣或傳統，不喜歡冒險，不喜歡支配或命令他人。對於知識的吸收消極，是停留在學習範圍的俗人。

家庭方面，屬於安定型，不但愛家人，對土地、房屋、金錢等財產也存有愛戀。早婚，性生活也活潑。若是女性，大多多產，月經過多。

✡緊張膨脹型

（下方呈三角形膨脹，脖子粗大）＝實踐型的現實人

外向型

行動快、精力充沛、吃苦耐勞，手很巧，但卻不適合單調的工作。一切活動均向外擴大，是外向型的性格。

能夠適應所有氣候、風土、社會，知己的朋友很多，具備社交能力，能坦誠地跟各階層的人交往。感情單純、容易發脾氣，但馬上忘記，事後不會懷恨在心。

有時想超越別人，很能發揮能力。但，行爲大膽率直，有輕率的一面。對於細膩的事情欠缺明察，容易被周圍的人們視爲粗野、衝動的人。另外，遇事不擅長思索，往往魯莽而招致意外的失敗。

生意上很直觀，總是躍躍欲試，也有眼光，富有自發性、獨創性，但性急、傲慢，因此失敗也多。缺乏控制的能力，有失節度，一旦得意起來，往往不知適可而止。總之，不知節制，有橫衝直撞的傾向，需要有健全的心腹。知性方面則屬於實際上的、現實上的，具有超越學習範圍的積極性。

側面收縮型

（魁梧的長方形的臉）＝行動的冒險家

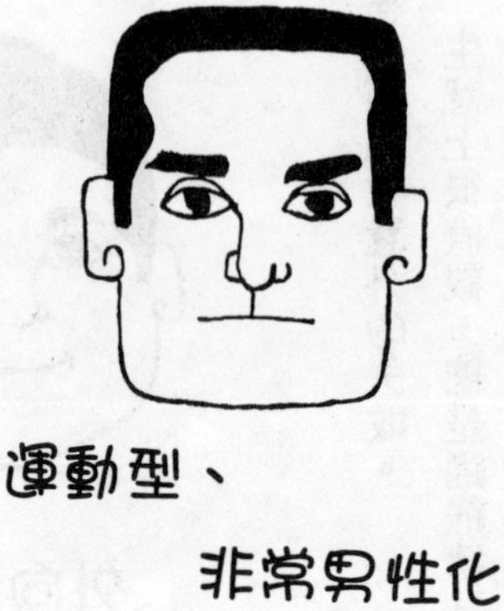

無論做任何事均大膽過人、喜歡冒險，屬於不做事便覺坐立不安的類型。人際關係方面，喜歡的人才親近，厭惡的人不交往，是明顯的選擇型。同時也對環境或工作很有選擇性，對於自己喜歡的特定工作表現很強的適應性，且發揮卓越的技能。但能力太強，容易超過目標，而且控制與抑制自己的能力薄弱。

對於既定的目標採取直線的、集中的行爲，對工作也往往是急進的、冒險的、唐突的。一旦著手做的工作，便頑固地想加以完成，所以思考偏頗，判斷不公平，而且沒有秩序、粗心大意。

常有撒謊的傾向，有時也想逞英雄、裝老大。一方面嚴格過度，但對於本能的慾望卻欠缺控制與抑制的一面。不但有欠反省與自省，且判斷與解釋均隨隨便便。

行爲的節奏快，運動方面屬於萬能型，樣樣精通。是冒險的及男性的本能過剩的人物。

前面收縮型

（輪廓明顯塌陷的臉）＝均衡的調和人

具彈性和統率力

卽使在柯爾曼的學說中，這也是特有的臉形。從側面看，只有三種：凸型中高的臉、凹型塌陷的臉、平坦型的垂直臉。解釋上三者同時包含。

此種臉型的人際關係是選擇性的，對於熟識的人是社交的，對於不認識的人則是閉鎖的。爲人處事四平八穩，避免嚴格與放縱，是行事中庸均衡的人物，一旦身爲集團的組織者，便發揮優越的統率力，很能領會事物的性質，遇事則發揮反省與預見的能力，擅長適應現實的事態。是實務家、實際家、指導家。舉止動作沉著穩重，不但具有說服力，抵抗外力的能力也很強。藝術上的修養與科學上的理解力優秀，可能在這些方面表現卓越的能力。

遵守原則與秩序，富有彈性，能兼具理論與實際的平衡。觀察力優秀，能夠處理複雜的問題。有天賦的才能，一旦做爲集團的領袖，企業的統率者、指導者，便能發揮優秀的領導能力，是均衡與協調型的人物，當然也是好丈夫。

下巴收縮型（呈大倒三角形的臉）＝思索的智能人

對於環境極其缺乏適應力，朋友、知己極少，是孤獨型者。令人難以接近、不合群，在人們面前舉止拘謹、笨拙。總是顧慮多、退縮、欠缺社交性、孤僻。

凡事均厭惡負責任、害怕過度的行動，總是對危險採取防衛態度。一方面是野心家，但其思索則是想像式、空想式，且沈緬於內部的。是一個嚴厲的批評家、諷刺家，但欠缺實際的感覺，什麼也沒做，而且什麼事也不能做。

非社交性、惹人厭

感情上容易受到傷害，而且憤怒與仇恨的感情激烈，並發生很強的作用，有時也計劃陰險的報復。另外，因不會表白自己的內心，所以強烈的感情只在內心爆炸，而產生陰沈、孤獨、逃避的個性。

行動上屬於快節奏、突發性的，或者完全靜止的，如果境遇好，頗爲好動，也很喜歡說俏皮話。知性是思索性的、抽象性的、沒有具體性、逃避現實、內向。晚婚，性方面也不如人，獨身的傾向大。

第三章 深層心理的讀心術

從人的類型識破的讀心術

富翁與窮人

再沒有像金錢在現代社會中的功用與價值，能給予人際關係那麼深遠的影響了，它是那麼地巨大，以至於倘若忽視它，則人際關係便無法成立。無論富翁或窮人，均受到金錢的影響，至於它如何出現在心理上呢？且讓我們透過讀心術的眼鏡看一看。

首先，即使同樣是富翁，也分成二種：祖傳八代的富翁，及剛變成富翁不久的新興富翁。祖傳八代的富翁，人們承認他是富翁，也給予適當的敬意，而且本身當富翁的歷史較長，對於身為富翁比較習慣，沒有特別裝富翁的必要。但只有一點切莫遺忘，就是富翁的本心是吝嗇、冷漠的。

總而言之，所謂富翁乃是把金錢視為第一，正因有錢，所以為了金錢的保全與利潤而日夜絞盡腦汁。因此富翁一提到錢，必定說出「我沒有錢」之類的話，變得莫名其妙的謙虛。此種話當然無人相信，這只是他本人爲了保全金錢而自劃的防線。因此，富翁掏腰包時顯得很不乾脆，即使只是一千元的捐款，對他本人而言，就像一萬元的開支，總是爲了錢而變得小心膽小。

至於新興不久的富翁，世人比較不明白他是富翁，所以也沒有人對他表示敬意。當富翁的歷史短而使他有一股慾望，想在許多場合讓人知道他自己賺了這麼多錢，是個富翁。因此，出手較大方，即使自己不明白價值的繪畫或古董品，也不惜萬金的花費，即所謂暴發戶的趣味。雖然同樣是富翁，但暴發戶之所以受到世人輕視，乃是暴發戶有一種卑鄙的賺錢根性、教養低劣。

如果你想請此種對手提供事業的資金，或者有事要求幫忙，你千萬不能用著戰戰兢兢的態度說話。面對愼重小心且又貪得無厭的富翁時，要避免表現出缺乏自信的態度，而應該抬頭挺胸，注視對方的眼睛，用著充滿自信的態度說話。事前患得患失是最要不得的，因爲你可能會在不知不覺中將它表現在言行上，而引起對方的疑心。

卽使是祖傳八代的富翁，大多只是表面上佯裝穩重謙虛，其心裡依然對於金錢有著極端的執著心；卽使是經過金錢的雕琢而略具教養與氣質的富翁，一旦攸關金錢，心理仍是一樣的。另一方面，暴發戶卽使賺錢的手段卑鄙，但沒有祖宗八代的富翁那種對金錢異樣的執著心，這是因爲靠自己發財，所以有信心，同時有強烈的慾望想靠花費錢財向人們誇示他的財力雄厚。因此，說

服暴發戶時，略微讓世人知道他拿錢出來，達到宣傳某人是富翁，此種手法可謂高明。

跟富翁對立的是窮人，至於窮人是否對富翁懷有對抗意識呢？很意外地，大多反而懷有從屬意識，對於富翁親戚或住處附近的富翁，舉止總是帶有從屬的味道而屈居下位。這麼做，其實也沒得到什麼好處，有時甚至吃了虧。對於如此不可靠的富翁，內心深處卻有某種想依靠的心理，這就是窮人。

然而，需要借錢的時候，却不向富翁借，而向和自己一樣的窮人朋友調借，這就是窮人。窮人最清楚富翁不會輕易把錢借給別人，畢竟窮人與窮人之間比較好說話，彼此之間也比較能夠取得諒解。

窮人的深層心理同時有兩種極端的心理存在，一方面對富翁懷著一種憧憬或者尊敬，另一方面感覺富翁都是一些吝嗇鬼。然而，窮人與窮人却又互相鄙視、互相瞧不起，很少團結合作。

即使老是說自己是窮人的人，一旦被人說他是窮人時，却感到憤怒。倘若此話出自富翁的口中，那是一種反感心理，這一點未嘗是不能理解的；但若是從窮人朋友說出來的，那是由於輕視貧窮，對於跟自己一樣的窮人，興起了對抗意識。

因此，窮人有時根本不能認淸自己的立場，而做出了死要面子的事，試著購買跟自己的收入不相稱的昂貴物品，甚至把它贈送別人；購買自家難得享用的昂貴溫室水果，當做禮物，以答謝根本微不足道的小人情。歸根究底，這無非是窮人死要面子，不願被認爲吝嗇，不願被認爲是窮人，堪稱一種反動的心理作用。

如果你的生意對手是窮人的時候，你千萬不能顯露出你認爲他是窮人，毋寧讓對方以爲你認爲他是手頭很寬裕的人。此種故意的誤會，絕對不會給你帶來不好的結果。

樂觀的人與悲觀的人

人有樂觀型與悲觀型二種。樂觀型對事情的判斷或看法，總是重視對自己有利的一面及開朗的一面，而忽略黑暗面或不利的一面。例如：「倘若這件工作成功，必定能大發利市。」即使處於苦境，總是想著可能馬上會好轉，也就是說，儘管沒有任何資料足以支持他的看法，但總是往好的方面解釋。這種人的特徵是忽略對自己不利的預測和壞的一面，例如：萬一這件工作失敗的話，損失將多麼慘重等等。

樂觀者心情開朗，思考方式粗枝大葉，不會執著於小地方，或神經質地左思右想，人生的態度只追求光明面。由於沒有考慮失敗時壞的一面，萬一眞的失敗，也就毫無對策了。這種人個性雖然很樂觀，但却缺乏客觀性與悲觀性。

此種樂觀主義的反面，並非無論如何艱難的處境，也有加以超越的信心與堅靱，而是對痛苦與艱難沒有信心，正因沒有信心，所以也就不敢面對了。

如果你的生意對手是此種類型的人，儘管從客觀形勢判斷，雖然其情況確實不佳，但却顯得樂觀，此時內心往往有著很大的不安，因而想要依賴有希望的觀測，以瞞過不安的心理。

如果你跟此種樂觀的人物一起做事，應該注意以下的事項。樂觀型的觀察力較表面化、天眞，無法面對現實做出正確的判斷，容易受騙。但，樂觀主義也有相當有利的地方，樂觀的態度給周圍的人有信心，卽使卽將倒閉也能泰然自在，而免於失去信用。

如果你站在相反的立場，誤信樂觀主義，簽約交貨之後隨卽拒付，那就慘了。我們應該充分了解樂觀人物的深層心理。

有凡事想著光明面，總想快快樂樂過人生的樂觀型；相反地，也有凡事只重視黑暗面，總是鑽牛角尖的悲觀型，悲觀型者卽使工作進行順利，仍會找出不好的題材，例如：「萬一這件交易失敗了，將蒙受多麼重大的損失，無臉面對上司，妨礙自己的升遷。」等一再左思右想。一般悲觀者大多具有小心膽小的心理，在性格上屬於陰性，且執著於小地方，有點神經質。因此，凡事擔心失敗，態度畏畏縮縮、消極，總是想逃避負責任的壓力而不得安心。

此種悲觀主義的深層心理，完全來自於其膽小、謹愼、神經質、缺乏行動意願的性格，進而對失敗懷著異常的恐懼而喪失信心。到了嚴重的地步，若無悲觀的題材時，就會陷於不安的情緒，這眞是很奇怪的心理作用。反而稍有悲觀的題材，他本人的情緒才能比較穩定。換言之，未嘗不可解釋爲靠著悲觀來虐待自己，以求取某種平衡。

如果你的生意對手是此種悲觀的人物，那麼首先你必須冷靜地判斷眼前的客觀情勢。但要注意，千萬不要受惑於對方所列擧的悲觀性題材而誤信「前途黯淡」，「悲觀的態度」是對方的個性與「習慣」，應該打個折扣再做判斷，別錯失交易的良機。

再者，跟此種類型一起做事時，因情勢的判斷較消極、悲觀，且點子雖多但却不付諸實行，所以容易陷於失敗主義。在相同題材的條件下，若是樂觀型則擴大正面的題材，採取積極的姿態；但悲觀型只重視負面的題材，採取消極的姿態，挫傷周圍的志氣，降低對外的信用。

好人與壞人

把人分類時，一般似乎容易把人輕易地分成「好人」與「壞人」。但，所謂「好人」，似乎也有各式各樣的種類。一般而言，生平無大志，打算過平平凡凡的人生，知足常樂，不會興起多餘的慾望，而且與人無爭，總是擁有平和的心境，與人相處也頗爲協調，這大概就是「好人」的類型了。

然而，採取此種姿態果眞就能過得很好嗎？卽使自己想過安然無事的生活，但因世界廣大，社會上充滿狡猾的壞人，如果你不與人爭，不主張自己的權益，那麼吃虧倒楣的事便老是光臨你的頭上，也就是說，災難會毫不客氣地接踵而來。此時，好人怎麼做呢？雖說好人，然而對於吃虧倒楣的事也無法超然，因此若有積極的意願，便勇敢地奮鬥，努力開拓前程，但好人只是私底下發洩不滿或不平，根本不願展開活動，亦即所謂「達觀」的心境。因此所謂好人，不妨視爲缺乏厚臉皮的神經，甚至連最起碼的防衞自己領域的勇氣也缺乏。

雖然如此，好人未必老是吃虧，不與人吵架，就不會與人結怨。打個比喻，這就像乘坐客滿的公車，好人不與人搶位子，但在擁擠的車內却不抓緊吊環，把自己全身的體重託付於周圍的人。這種人總是隨波逐流，過著很得要領的生活方式。此種人物在集團中竟被稱爲「穩健派」，經常順應大勢，支持在野黨，可說是很周到的傢伙。

所以好人不會自動做壞事，至於好人做惡的情形，總是由於盲從附和：「既然別人做，自己也做，既然多數人都這麼做，自己也跟著做。」此種情形可說是大部分。雖然不會帶頭先做，但是完全沒有堅決拒絕的勇氣。另外，或被人脅迫或收買，因而爲虎作倀，也是好人性格上的特徵。總之，好人的深層心理似乎連接「達觀」與狡猾。

如果你的生意對手是此種類型的「好人」，那麼你的工作一定很容易進行，你越採取積極的態度，對方越退縮。駁倒好人根本不用在內心感到抱歉，因爲你只要徹底地分析，好人與壞人只是五十步與百步之差，而其不同也只是處世的姿態或手段的不同而已，內在本質則完全一樣。因時因地的不同，也許壞人反而好得多，吃虧也多。另外必須注意的是，好人不但對你的攻勢顯得無法招架，也對其他的第三者的攻勢顯得無法招架。對一個你不了解的「好人」，不要以爲用收買或其他戰術就可放心行事，你還是要小心提防比較好。

至於壞人呢？雖然好人不會主動做壞事，但仍要視動機或順序而定，如果做壞事，也就跟壞人沒有兩樣了。總之，好人以乍看似乎好人的姿態欺人耳目；相反地，壞人却明顯地被貼上「壞」的標籤。眞正的壞人另當別論，一般的壞人其行爲或生活方式是很明顯的。被衆人稱爲「壞人」的人物，卽使他使用詐術騙人或鑽法律漏洞，至少他不戴著虛僞的好人面具，這總比好人乾脆，卽使玩弄小花樣，這也是別人事先預料得到的。如果一邊提防對方却依舊上對方的當，這大概應該說是上當的人自己不夠小心。

換言之，人們稱爲「壞人」的人物，本質上是單純的，正因如此才主動做惡，隨著自己的慾望採取行動，是有一貫性的。他根本不考慮自己的做法會引起別人什麼樣的想法，只要自己好就是了，根本不必擺姿態。談到這兒，我們可以說好人才具有變成眞正的壞人的素質。所謂「眞正的壞人」，指的是無人認爲他是壞人，但却做壞事的人。壞人擧止儼若壞人，人們也公認他是壞

人，但實際上則稱不上是壞人。

再者，除了單純的壞人之外，另外還有這樣的壞人：所做所爲並不算是惡，也跟自己的利益無關，但卻以陷害別人或妨礙別人而感到得意。社會上到處充滿此種壞人。

總之，壞人似乎沒有所謂「深層心理」的心理，只具有明快的意識，只要攸關自己的利益而且可能實行的話，隨即付諸行動。

跟壞人做生意也是簡單明快的，一般來講，利益越多越好，其他的要素無甚考慮的餘地或必要。然而，即使無關緊要，或許也需要若干技巧或者必經的手續，譬如衡量對方的個人利益。但壞人對自己的問題非常謹慎，爲了取得對方的信任，也需要相當的交際；爲了給予對方個人的利益，也必須準備某種形式上的口惠或正當性（雖然實際上並不存在，不妨稱之爲謝禮之類的）。

✵知識份子與非知識份子

知識份子是有知識的，非知識份子是沒有知識的。此種區別是很普遍的，但在實際的社會生活上，知識份子與庶民就生活方式而言，並沒有什麼區別。可是，知識份子有知識份子特有的類型，非知識份子的庶民有庶民類型，性格上互有不同。

「知識份子」一詞容易使人感覺知識豐富，令人肅然起敬，但知識份子的知識大多只是表面上的裝飾品罷了。在就職考試的旺季，報紙雜誌常刊載一些就職考試的解答集。這些卽將從大學畢業的準知識份子，居然發生此種莫名其妙的誤解，由此不難想像知識份子的知識，尤其現代的知識份子吸收知識只是「知」而已，根本不想在實際生活中加以活用，於是知識就顯得量多而龐雜，所謂知識原本是爲了對該人的日常生活有所貢獻而存在的，上學也並非爲了好玩而已。

然而，只有知識進步，日常的生活態度毫不進步，就完全和沒受過教育的人一樣，這就是知識份子。正因如此，知識份子奢談理論時，詞藻豐富，擅長舞文弄墨，卽使一件極爲平常的事也要賣弄大道理，這是知識份子的特徵。而且知識份子的理論經常未伴隨行爲，光說不練，欠缺徹底追究問題的熱心，因此常有自相矛盾的情形出現，把此種心情浮動的人視爲知識份子也可吧！

然而，知識份子却因爲庶民沒有知識而輕視他們，但其生活面却跟庶民毫無兩樣，如此看來，爲何學習知識就很令人費解了。總之，知識份子的內心似乎存在著對知識的恐懼與虛榮。對知識恐懼則是因爲沒有信心，而虛榮則爲了加以掩飾，因此，知識份子對別人的警戒心比庶民強烈。面對初次見面的人會擺出一副非常拘謹的模樣，完全是因爲虛榮與沒有信心的緣故。

再者，知識份子的個人意識強，我行我素。因此，在公車上若無其事地抽煙、不讓座給老人而裝睡的人，大多是知識份子。知識份子對於別人的痛苦無動於衷，十分明白別人的痛苦却不同情，亦即不會體諒別人，而且性情冷酷。

如果你的生意對手是一位知識份子，那麼你應該多多利用對手的虛榮與缺乏信心的弱點。當然，爲了跟對方的知識對抗，關於交易的內容，你應該徹底地吸收豐富的知識，粉碎對方的信心。對方能說多少就讓他說多少，以測知其知識程度，然後你才慢慢展開你的知識。一邊避免傷害對方的虛榮，只擊垮他的信心。

理論與理論的折衝是知識份子的競賽，不得不講理也是知識份子的弱點。知識份子不能說出不合理、不通情理的話，因爲這種半吊子的知識對自己反而不利。而且，知識份子的深層心理有一項共同的傾向，就是對於知性的權威極端地「脆弱」，若感覺對方的知識在我之上則輕易地屈

居下風，但若感覺自己的知識在對方之上則擺出架子。所以跟知識份子做生意，即使對方是重要的客戶，你也應該以不畏不懼、深具信心的態度應對。

若對方是庶民，自有不同的情況。知識份子對於知識比什麼都優先，但庶民却只信賴自己的體驗。由於知識份子重視的知識若無經驗的印證，庶民便不會信任，因此，即使向庶民賣弄高級的知識也沒有效果。

庶民沒有知識份子那種虛榮，而且跟賣弄知識而沒有實際行動的知識份子相反，無論任何事，先做再說，這就是庶民的特徵。非知識性的庶民，總是一貫地保持脚踏實地的生活態度，由於守著本份，擁有相當的信心，所以沒有虛榮。

庶民基於此種性格，無論對任何人總是親切的、開放的，即使初次謀面的對手，也能很快就熟絡起來，絕不以知識的有無來衡量對方。

跟此種庶民型的人物做生意，知識份子愛賣弄的知識或理論完全派不上用場。如果你是知識份子的話，最重要的首推配合對方的知性水準與庶民感覺。他們的體驗的累積或學到的生活智慧比天馬行空的知識份子，能教給你更多的東西。

至於庶民型的弱點，可說是對於物的權威比較脆弱，就像知識份子對於思想或學問等知性的權威比較脆弱一樣，庶民對於金錢或頭銜比較脆弱。因此，莫名其妙地遭到警察、官廳、大公司的組織等所壓迫，也可說是庶民的特徵吧！

支配者與被支配者

在人的類型當中，有一種人若非高高在上、發號施令便覺不過癮。凡是人多的地方，總想出鋒頭、要嘴皮，想在該團體中居於支配性的地位，嚴重的話，卽使在母姊會也大出鋒頭，發表荒謬的教育論，這只能說是天眞無邪的人了。

此種支配型的人物，於初見面時卽可看出來。首先，遞出來的名片印得密密麻麻，都是一些無聊的頭銜，字體出奇地大，而且不管對方初見面或年長者，舉止隨隨便便、肆無忌憚，是一種開放型，但絕非是社交性的。

一個人獨占所有的發言，不給對方說話的機會，也不聽別人說話，不用平等的態度對待對方，不但固執自己的意見，而且勉強對方等等，實在非常的我行我素。如果遇見此種人物，視之爲「支配者」一定不會錯。在人多的集會上，必定率先發言，大放厥辭，勉強別人接受自己的意見，如此這般地打擾別人，惹人反感，眞是令人頭痛的人物，但他本人却對此毫未察覺。簡言之，就是隨時隨地想扮演主角的個性。

此種支配型者的心理特徵，似乎在於自信過剩，那就是「別人辦不來，只要我出面，一定辦得漂漂亮亮。」同時好大喜功，站在別人頭上，架子蠻大。因此，跟此種類型的人合作或做生意，不妨利用其想支配別人的性格，巧妙地加以煽動，讓他打先鋒。只要如此，他便覺得十分滿意，即使非常困難的問題，也高高興興地去解決。高高在上地支配別人的喜悅，使他覺得生活有意義，且會爲了解決問題而熱心地展開活動。你只要尊重其支配性的地位，讚揚其行動，即可滿足他好大喜功的心理。另外，支配型的人有一項特徵，就是對支配的立場或行爲感到滿足，對自己的利益不太重視。

「你果然名不虛傳」「只要是你，一定沒問題」等，只要搔著對方的自尊心或好大喜功的心理，對方甚至拍一拍胸脯，努力奮鬥到底，心理可說很單純。所以「男子漢大丈夫」「男人與男

人的約束」之類的言語，便足以束縛對方。

然而，此類型的缺點，是沒有接納別人意見的雅量，思考是直線的，有過度蠻幹或離譜的危險，如能善加遙控，則個性單純，容易對付。再者，支配者如遭到自己所屬團體的排斥或疏遠，有時可能反過來進行搗蛋或干擾，總之，支配者具有極端直線的性格，不是前進便是後退。

如果社會上的人，都是清一色屬於支配型的話，恐怕就要天下大亂了，幸好處於被支配的立場而沒有怨言的被支配者非常多。這並非說被支配者比支配者低劣，而是性格上不喜歡出鋒頭，爲人循規蹈矩。

有一種人即使被擁爲團體的領袖，但却堅決不肯接受，並非沒有能力或信心，他之所以受到多數人信任但却堅決地拒絕，乃是由於心理上沒有強烈的自我擴張慾。

支配者喜歡支配別人，而被支配者處於被支配的立場會感到滿意嗎？實際上，未必就滿意。但是支配者輕鬆自在地將職責委任給被支配者，頂多遭到被支配者的怨言而已，根本無損於自己的利益。

支配型的人物雖然實力或智慧均不足，但却高高在上，而聰明的人則在背後操縱；類似這種情形在社會上是常有的，這可說是彼此都發揮特徵的例子吧！

因此，跟被支配者談生意，別因對方保守便可隨便，否則將會落人把柄，遭到反擊，須知被支配者的心理並非屬於支配者那種直綫型，而是具有變通型的心理。

頑固者

任何人的思考方式都是自我中心的，但如此的觀念在現實的社會，未必能爲他人所接受，不僅如此，甚至可能發生許多磨擦，於是必須跟別人妥協或通融。然而，却有人堅持自己的想法，絕不與人妥協或通融，這就是所謂的「頑固者」。除非自己同意，否則即使是眼前的事實也不承認，卽使有損自己的利益，也照樣不改變想法。

此種人一旦成爲丈夫或父親後，家庭便多事了。例如：參加親戚的婚禮，對座席的安排不滿意便退席，或者不同意兒子的戀愛而斷絕父子關係等，隨時隨地發揮其頑固的特性。同樣的事情也可能發生在生意方面，一旦做出決定，無論對方如何遊說絕不妥協，總是頑強到底。不聽別人的勸告，不理會規則與常情，心胸狹窄，容易採取不合理的行爲，這是頑固者的特徵。

但另一方面，頑固者是正直誠實的人，因爲他並非明知自己不對而故意堅持，他始終相信自己是正確的，倘若別人想糾正他，便會引起他的反感。

如果想操縱頑固者，絕不能用講理的方式說服他，應該利用頑固的反面：誠實與正直。首先，聆聽對方的論調，表示理解，然後慢慢化解他的頑固。

如果一開始便指責對方的不是，等於火上加油，頑固者會頑強地把自己的想法付諸實行，所以不妨讓他本人體會失敗的後果，以做爲懲罰。至於頑固者的優點是：一旦談好的事情，即使違背他本人的利益，依然頑強地遵守，而不會背叛對方。

利己者

利己的人也就是我行我素的人，這種人以知識份子比較多。因其心理上自我意識非常強，所以不喜歡受到別人影響，凡事自己想，自己行動，不考慮別人怎麼想。因此，爲人冷酷，不爲別人著想。

不接受別人的忠告或指示，所以拒絕被支配，且對別人漠不關心，所以也不想支配別人，只有自尊心比人強一倍，這是最大的特徵。

你的周圍至少有一位這樣的人，那是一種不可靠的人物。雖然你多次借錢給他，但是當你向他借錢時，他却冷淡地拒絕，把別人的恩惠視爲當然，根本不想回報。另外，其爲人反覆無常，卽使跟別人約好的事，只要自己不方便，便輕易地毀約，實在很不可信任。

跟利己的人交往，你應該跟對方保持一段距離。因其自尊心強，所以一旦傷害到他的自尊心，生意的進行便不順利，卽使你提出要求，他也不會接受，訴之以情，他也漠不關心。但是，對方對自己的利益敏感，所以要利用的話，就只有這一點了。卽使已經定案的事情，因對方反覆無常，隨時有毀約的可能，所以不到最後不能掉以輕心。

反覆無常的人

此類型的人物非常多。此種人並非不可捉摸，而是凡事總有歪曲的觀念或行爲的傾向，因此

反覆無常

，並非頑固得無法了解別人的意思，只是想法或嗜好有所偏差。如果仔細留意此種人物的言行，他們似乎有他們一套道理，但那種道理是歪理，一般人大多無法了解。有位哲學家給反覆無常的人下了這樣的定義：

「反覆無常的人乃是具有歪曲的秩序的人，他們的規則，除了他們之外，並不適用於任何人。」

此種歪曲的秩序，是一種很要不得的東西，如果上司是此種人，那麼屬下非常辛苦。

例如同樣一件事情曾經獲得他的批准，但下一次却不獲批准。屬下當然覺得憤恨不平，但上司却有上司的一套想法或道理。

於是屬下便認為此種上司反覆無常，心情好的時候批准，心情不好的時候不批准。但正確地說，這樣的解釋並不正確。第二次卽使心情再好，照樣不會批准，因爲上司有他自以爲正當的拒絕理由。

以下讓我們研究一下跟此種反覆無常的人物談生意，究竟需要何種技巧？首先你需要很仔細的觀察，卽使是很瑣碎的事。例如：寒暄的方式、談話的進行方式、文書的寫法、對方的措辭與態度等，都要做仔細地觀察，千萬不能馬馬虎虎，有了相當心得之後，再配合對方的步調。

如果你摸淸對方的氣質，採取對方的方式進行談判，對方一定會欣然接納的。而這種反覆無常的人，一旦他已接受了你及你的處事方式，那麼他將對你非常地親切，不管你提出什麼事情，他一定都會接受的。

✵傲慢的人

一個人只要平步青雲，便容易自以爲了不起。例如：棒球選手、走紅的歌手、演員、生意興隆的中小企業老闆、步步高升的白領階級等，不勝枚擧。不但擧止傲慢，甚至對目前的境遇感到得意，妄自尊大。

此種類型的共同心理，大概在於深具信心吧！因爲他目前的成就卽使帶有偶然或幸運的因素，至少他本人的努力也是無可否認的。但是，另外還有一點，那就是卑屈。由於他們對於目前的境遇、地位、經歷等感到得意，並且認識到其中有值得驕傲的地方，所以，他們對於立場即使只比自己高一點的對象，也懷著非常卑屈的心理。

即使同樣是傲慢的人物，倘若目前這躊躇滿志的立場，是經由特別幸運取得的，那麼自信與卑屈就更加嚴重了。因爲那種自信並非眞正的自信，所以當那卑屈顯露出來時，整個人宛如另一個人似的，變得很沒有出息。因此，跟這些傲慢的人物交往時，當他們還擁有半吊子的自信時，的確很傲慢，非常不好相處。

如果你承認對方那種傲慢的態度而舉止謙虛，對方將會變得更加傲慢，因此，以傲慢回報對方的傲慢，未嘗不是一個方法。其次是假裝絲毫也沒有察覺對方那傲慢的態度，這個方法相當有效，因爲對方的傲慢根本對你沒有用。另一個方法，是針對對方卑屈的心理而產生的。

例如：故意讓對方知道與對方有點關係而地位比對方更高的人物或組織跟你相當熟悉，此法使對方無法發揮傲慢的態度，而使你的談判朝有利的方向展開。

✵自大的人

跟傲慢的人相似但略有不同的是自大的人。一般而言，其地位或立場比傲慢的類型高，像二流公司的董事長及在大衆傳播略具知名度的所謂「名人」等。

實際上他們的實力配不上地位，但爲了向別人誇示他們的地位，於是採取自大的姿態，表現在態度上。

自大的人物具有一股無法信任自己的強烈心理，他們認爲別人對於他們的地位評價不高，於是想藉著態度讓對方有所認識，因而顯得妄自尊大。也就是說，由於他們很明白自己的地位與信心不一致，因此想用態度來掩飾這個弱點。

跟此種類型的人交往格外簡單，只要儘量避免觸及對方的弱點、接納他的自大，表示敬意即可。如果自大型感覺對方尊敬他的地位，心情也就舒坦了，但却因此有愛聽適當的恭維或被拍馬屁的缺點。如果像對付傲慢型一般還以傲慢或自大的態度，並沒有效果，因爲這種人心理上沒有卑屈的一面。

另外，如果採用一種態度似乎看透對方與地位不一致的弱點，或者對於他的地位不給予高的評價，對方將自大到無以復加的地步。

識破潛在心理的讀心術

✵從錯覺判斷潛在心理

這是任何人都有的經驗，原應打給客戶的電話，却打回自己家或撥到女朋友家。發生此種錯誤時，只要仔細想一想，內心是否正在牽掛什麼事，一定能找出原因，例如：訂購的物品將於今日送到家裏，而打電話時正好想起這件事；抑或日前跟女朋友吵架，打算暫且不跟她聯絡等等。總之，是因內心有所牽掛才發生的。

再者，對於送交客戶的商品感到有點不放心，本想詢問對方公司的營業部，但却問到技術部去，像這種情形也可能發生在請吃飯時寄錯邀請卡或是寄錯帳單。假如送交給客戶的商品沒有錯誤的話就沒問題，如果出了錯誤，在潛意識裡總是強烈地意識著對方的存在，反而會無意識地逃避對方。

錯覺當中有所謂的「遺忘」。雖然不是很重大的事情，但若是自己不喜歡、內心不想做的，就會不知不覺間忘記了。例如想戒煙，打算當作身上沒帶錢，但是到了香烟店前面却拿出錢包，這是很常有的。這不用多做說明，一定是戒煙所壓抑的對香烟強烈慾望在無意識中抬頭了。

有飲酒習慣的人，決定今天滴酒不沾回家，結果發現自己不由自主地來到平常飲酒的地方。

下班後，走在回家的路上，不知不覺地選擇霓虹灯輝耀的街道，乃是無意識地表露想到酒吧或酒廊等場所飲酒作樂的潛在慾望。

✦飲酒會使深層意識浮上來

任何人飲酒總會覺得情緒跟平常不大一樣，這是很正常的。壓抑的心理或不願想的事情便在此時抬頭。醉意尙淺時不至於如此，當醉意相當深時，此種深層意識便逐漸浮上來了。

例如：平常很規矩又和氣、不會批評別人的人，或許因酒而心情獲得解放，竟給他的頂頭上司難堪；相反地，平常老是私下說上司壞話的人，竟告白他逢年過節送禮的屈辱感與自我嫌惡。

酒徒有愛笑型、愛哭型等形形色色的類型，這是衆所周知的，但也有一種人酗酒後便裝瘋賣傻，這似乎以平常規規矩矩、個性比較怯懦的人居多，例如：平常對上司唯唯諾諾，却在公司的團體旅行時發作，在宴會中大吵大鬧。

另外也有一種人藉著醉意，佯裝開誠佈公地說：「課長！當時的處置不公平。」說出了平常面對面不敢說的忠告或不平；或者「那個人很過份」等，在開玩笑中透露了眞心話。

也有一種人，在沒喝酒時聆聽別人的話，而說：「你所說的完全正確而且公平。」沒有一句

反對的話；一旦喝了酒，就說：「你所說的完全錯誤，而且是不公平的。」態度却完全改變，竟從「完全正確而且公平」變成「一向錯誤不公平」，眞是令人吃驚。

這種人在不喝酒時，故作尊重對方，表示敬意的態度，其實內心絲毫不表敬意。不僅如此，甚至可能帶有敵意或憎惡。當然，並非只要喝酒便如此簡單就露出尾巴，但如果你想知道對方的眞意，那麼邊飲酒邊推敲潛在心理不失爲一個好方法。

從開車的方式明白劣等意識

站在董事長面前的小職員，對董事長擁有劣等意識乃是當然；地位或身份低的人對地位高的人擁有此種感情，絕非異常。而劣等意識之中總是帶有不安，爲了避免此種不安的痛苦，人們便努力追求精神的安定，這叫劣等感情的「代償作用」或「代償反應」。

此種代償反應有正常與反常之分。正常反應，是指心理面與外面一致；異常反應則是心理面與表現在外的行爲不一致，甚至相反。也就是說，具有劣等意識的人，動輒要權威或假裝誠實，抑或戴著殷勤友好的假面具。

姑且舉個例子，劣等感情常會在開車時表現出來。不喜歡自己的車子被其他的車子超車的駕駛人意外地多。被超車竟變成自己不如別人的意識，他們不認爲其他的車子只是速度快過其車速這種物理上的關係，而認爲他被那傢伙追過去了，也就是把車子跟人格對調。因此，刋載於報紙令人怵目驚心的車禍當中，起因於汽車駕駛人的賽車，一點也不足爲奇。

被其他的車子超車，便罵道：「混蛋！」猛踩油門，開始展開一場追與被追的賽車的駕駛人，似乎以年輕人居多，這是錯把汽車的性能與人的能力混淆的汽車駕駛人的劣等感情。

跟此種攻擊型的劣等感情相反的，也有一種駕駛人，即使一再地被其他車子超車，仍然裝出處之泰然的僞態。啣著煙，冷眼瞧著超越而過的車子，心想：「待會你不是發生車禍，就是超速被罰。」這也是劣等感情的另一種反應，也稱爲「逃避型」。飛車黨是劣等感情的表現，貨車之所以橫衝直撞，也可視爲駕駛人的劣等意識的表現。

✵自卑感所戴的假面具

有自卑感的人的心理，常不肯承認自己的無能（缺乏自信或能力），且為了掩飾自己的弱點，便會採取各種行為表現。例如：不向任何人低頭、決不拜託別人、完全不接受別人的忠告或幫助、總是擺著架子、頑固地拒絕別人的種種干涉。而且，別人一點點的批評便發脾氣，受到傷害，這是有自卑感的人。

「我不是那種需要別人幫忙的弱者。」這是有自卑感的人的想法，實際上他是害怕「接受立場比自己高的人的幫助或意見後，等於承認了自己的懦弱或劣等意識。」因此，為了不讓別人看出自己的劣等意識，於是跟內心相反的，外表上表演得彷彿另一個人似的。茲列舉若干例子說明有自卑感的人，經由此種演技所戴的假面具：

❶對於人們公認的豪放磊落的人物，倘若仔細觀察的話，令人意外地都具有自卑感。正常性的豪放磊落，有信心與實力的憑藉，無論在哪一方面均率直地表現他的個性，但若是沒有信心與實力的豪放磊落，乃是做作的演技，所以大多被人識破。故作豪放磊落，使自己顯得好像是開朗豁達的大人物似的，是為了要逃離因自卑感所引起的不安或痛苦。

❷擅長恭維別人，對任何人均表示友好，此種人大多是具有自卑感的人。此種人待人親切、和藹可親，對於他人的請託總是高高興興地接受，且超過必要以上地樂意幫助別人。實際上，他們害怕周圍人們的敵意或疏遠，所以藉著避免這些，使得自己能夠與人相處融洽，保住地位。因爲這只是演技罷了，所以此種人在不需要演技的家庭中，大多拋棄假面具。

❸誠實可靠的風評，有時也是自卑感的反面。他們的一切行爲均誠實可靠，金錢方面則臨財不苟，深受上司的信賴。雖然他們誠實的人格獲得周圍人們的承認與尊敬，然而，他們並非眞正誠實，實際上大多是演技的成功，而這演技連他們本身也沒有察覺。

❹面恭心倔表現也是自卑感的作用。家境清寒，但爲了出人頭地，而苦學唸完了大學，在腦筋聰明的人身上這種現象似乎經常發生。他們極力巴結上司，

爲了出人頭地，任何事都肯做。和藹可親的態度贏得同事的好感，但對於地位比自己稍微低一點的人，殷勤雖有，態度却冷淡。此種人物談不上有什麼內涵，而且沒有信心與誠實，能支持目前地位的只是卑屈的處世術罷了。總之，貧困與辛勞所引起的自卑感變成此種現象表現出來。

❺自卑感並非只有以上的層面，很罕見的是，自卑感也帶有正面意義的刺激作用，使人發奮努力。著名的學者、政治家、作家等，一方面強烈地意識到自己的自卑感，並爲了克服而付出很大的努力，這是常聽見的故事。然而，却有人中途脫軌，陷入權威主義。位居高位，指導與支配別人倒無妨，如有不順心却發揮利己主義的作風，亂耍權威、威嚇別人。因此不少所謂優越的指導者常徒具演技，糟蹋了努力想把自卑感扭轉到好方向的志願。

羞怯所戴的假面具

有一種人，在漂亮的女人面前便顯得不知所措，臉孔變紅、聲音沙啞、答非所問，顯然失去平日的鎭定，這是因爲羞怯被誘發出來的緣故。引起羞怯的對象是女性或特定的男性，對方一句微不足道的話，却給予羞怯的人很深的印象，一直留在心上，並且感到介意。

「看來你是個很樸素的人。」一位長得漂亮但腦筋並不算聰明的女人如此說道，有的人便會老是想著這句話，「我眞的樸素嗎？」「她所謂的樸素，也許是指外表長得不好看。」「她也許對我印象不好」等，老是因無聊的事情而鑽牛角尖，這是羞怯者的特徵。這會形成心理上的壓迫，一旦必須跟對方同席時，便會興起想逃避的慾望，甚至也有人因此引起胸口發悶或肚子痛。

羞怯的原因有生長在過份保護、嬌生慣養的家庭、生長在欠缺親情的家庭、家庭環境極端嚴格的情形等。另外，也有身體上過度意識自己的容貌，結果變成羞怯。總之，羞怯最常見的是，某種劣等意識形成原因或動機。

若將羞怯隱藏在內心而戴上假面具，則會出現以下的代償反應，也叫做「威嚴反應」。亦卽總是擺著一副威風凜凜的樣子威嚇對方，倘若對方不屈服便感到十分不安。羞怯的程度越強，則假面具的厚度越增，愈加威風凜凜，這是羞怯的特徵。在女人面前顯得威風凜凜或誇示男子氣概，實際上是自卑感或羞怯的反面。

所以一些威風八面的集團支配者或領導者，戴著此種假面具的人意外地多，且越威風內心越羞怯。此種人總躲在乍看似乎壯大的名爲「威嚴」的城堡，實際上則不堪一擊，卽使仗著集團或嘍囉的勢力逞威風，但却缺乏信心與實力，不費吹灰之力卽可被攻克。

羞怯另外又稱之爲「完美主義」的假面，亦卽竭盡全力，達到外觀上的完美，使出所有的演技，以便讓周圍的人認爲他是一個誠實且光明正大的人。由此可見，光明正大的風許是掩飾羞怯

心理的最佳假面具。

此種完美主義，爲了保護自己的弱點——羞怯，有時會對周圍的人們進行陰險的攻擊。表面上僞裝誠實而光明正大的態度，以笑臉待人，但却具有陰險的一面，而私下攻擊別人。換言之，欲求不滿攻擊說的根據——攻擊別人必定有欲求不滿的存在，使這一假說得以成立。

避免談論「性」的男人有欲求不滿

男人大多喜歡風涼話，猥褻言語也可令謹言愼行的紳士不禁露齒一笑。無論初次的會面，或氣氛嚴肅的商談，往往可藉著風涼話打開僵局。風涼話的趣味性是女人無法了解的（本質上不可能），甚至可以說只要是正常的男人，莫不對風涼話感興趣。然而，實際上却有許多男士，不僅限於風涼話，凡是談到性，便故意改變話題，完全不表興趣。倘若此人有同性戀傾向或是玩弄女人的高手，那麼他拒絕的理由是可以了解的。但，沒有此種正當的理由，却又故意避開性的話題，那麼潛在心理極可能有某些原因存在，例如性方面的欲求不滿、劣等意識、羞怯等。

不少男士表面上道貌岸然，私下却觀賞黃色電影、脫衣舞、蒐集裸體照片。平日蠻不在乎地談論「性」的話題，被女孩子貼上「猥褻」標籤的男子，也許會經由此種風涼話，而使無意識的欲求獲得適當的發散與解消。但是，性的欲求無法向外發散的人，反而內攻，存在意識中，於是逃避「性」的話題或故作漠不關心。

所以前者在公車內盯著穿迷你裙的女子，後者故意把眼光移開，佯裝漠不關心，但性的欲求度或關心甚至比前者高，亦即不想刺激到欲求，所以採取遠離的態度。

那些無法進行此種抑制，而偷女人的內衣或是犯暴行的人，一定是後者的抑制型，而且幾乎都是內向型的性格，不會在別人面前談論性的話題。

分辨人才的讀心術

具有協調性與指導力，有積極性，且能勇往直前，富有創造力；具備蓬勃朝氣的知性，誠實努力富有實行力；富有鬥志與獨創力，具備團隊精神；研究心旺盛、思想穩健、個性開朗；富有自主性與進取心。

以上是企業公司每年招考新職員時，對於新職員所希望的條件的總歸。無論金融機構、生產公司、商業公司等，即使行業不同，但求才的條件均包括在此範圍之內。

招考時的語言能力或學校的推薦，是採用不可或缺的條件，但積極性、協調性、獨創性、自主性、研究心、誠實、開朗等個性方面的條件，却無法從學業成績看出來。於是，公司方面便個別約見應徵者，判斷個性，以挑選適合自己公司的人才。

「你所支持的政黨與支持理由？」「你所尊敬的人物與理由？」等一系列呆板的問題，都是由選考者向每一位應徵者發問，應徵者雖知答非所問，也不至於說出社會黨或共產黨。

談到尊敬的人物，則舉出廣受愛戴的甘迺廸與西部開拓精神，以討好公司方面，在短短五分鐘內，雙方使出秘術交鋒。

此種面試究竟有多大效果，實在很令人懷疑，但是，由於沒有其他的方法，於是每年都在重覆。然而，選考者却在短暫的時間內在大同小異的回答中，選出恰當的人選。

例如：態度充滿信心且光明正大的人、「不知謂不知」這種態度明顯的人、眼光正視選考者的人、對於問題的回答很獨特的人。

應徵者當然使用所有演技以獲得採用，而評審委員多少總是藉著人生經驗比較豐富，或靠著閱歷觀察，進行面試。

於是，有些公司把人分成「天才型」與「努力型」，而以努力型的人做爲用人的方針。原因是天才型的人，往往在無意識中仗恃自己的才能，自負而不努力，所以事情往往中途停頓，不會有很大的發展。也就是說，根據過去的經驗，才華洋溢的人往往對公司的未來沒有什麼貢獻。

但是努力型的人，也許開始時沒有傑出的表現，可是因爲脚踏實地、累積努力，未來一定變成對公司有用的人。

判斷人的價值時，一般總是把尺度擺在才能的有無或腦筋的優劣，但在漫長的人生競賽中，努力不懈似乎比才能或腦筋重要。

有效地使用讀心術，也是人生競賽的重要戰術之一，更是日積月累、不可或缺的基本戰略。

循著對方的視線可以讀心

留意火車或公共汽車上乘客的視綫，是一件相當有趣的事。首先望著窗外景色的人，似乎可分成二種。一種是漠然注視前方的人，此種人正在想著心事，對於變化的景色沒有關心，似乎看著景色，其實沒有。視綫幾乎是不動的，而是沉浸在自己的思考中。另一種類型，是在無趣的景色當中，眼光匆忙地看著引起他注意的事物，此種人內心大概沒有其他的心事。

注意觀察瀏覽車廂廣告的視綫，也可衡量那個人的知性程度。例如，對於演藝雜誌的廣告：「某女與某男分手的原因」、「某男正在追求某女」等報導感興趣的人，及目不轉睛地盯著「討論意識型態的政論雜誌」的廣告的人，這二種人的知性程度有顯著的差距。

也有一種人喜歡看別人的臉孔或攜帶的物品。其中有的一直盯著你的臉孔，當你回看他時，他卻慌張地把眼光移開；相反地，有的人反而更用力地回瞪你，可說各式各樣的人都有。此種人大多是閱歷少、見識淺的人，不但對自己沒有信心，且容易受到別人影響，甚至具有某些自卑感，所以拼命想「瞪贏」，如果對方先把視綫移開，卽輕易地認爲「我的能力較好」而感到滿意。

此種人錯把眼光當作能力的優劣，是性格較單純的人。

雖然時下的年輕小姐比較少這麼做，但女人與女人互相觀察也是事實。而且女人的觀察從小地方到容貌、髮型、服裝、飾物，甚至也對同行的男士品頭論足。這些跟男士不同的情形是，一切均具體地跟自己做比較。另外有趣的一點是，先把視綫移開的人乃是認為自己更優越，並且感到滿意，這時，女人擺出的姿態無非是「看吧！隨便你看吧！我比你漂亮得多。」

男人看女人時的動作也是很有趣的。年輕男士上車時，首先吸引他的注意力的是女人坐的地方，甚於有無空位。若是倉促之間，甚至無暇評定容貌，便在鮮艷的色彩或體型等強烈的吸引之下，不由自主地移步走向女人座位附近。然後，開始緩緩地觀察周圍的女人。

男人的眼光被美麗的女人吸引，堪稱古今中外絕對的原則，故實在不須考慮任何人。但有的人雖然希望儘情地看，但却害怕別人的眼光而偷偷地窺視，這是怯懦的男人。就此點而言，男人看迷你裙的眼光也一樣，此種眼光露骨地表現出男人對女人的欲求或自卑感，實在不無遺憾之處。然而，既有看的價值，何況女人也希望別人看，因此給予堂堂的眼光豈非一項功德？因為此種女人誇示自己，以吸引衆多的眼光為滿足。

人的關心可從眼光衡量出來。情侶外出，男的不斷看別的女人，而中年男子看女人的眼光也可感覺出所謂「倦怠期」。若情侶同在一處上班，只要留意雙方的眼神，立即可以看出來；跟同事上酒家，只要留意對方的眼光，當可看出他中意的女人；跨越斑馬綫時對老年人或小朋友特別親切或特別注意的人，不僅爲人親切，很可能自己家中也有老年人或小孩子。也就是說，人只要潛在意識下有事物存在，即使自己沒意識到，也會對該事物表示關心，而此種表現最爲明顯地可說是眼神了。

第四章　讀心術的奧妙與秘傳

誘導的讀心術

✦透露自己的秘密以閱讀對方的心

以風格獨特著名的日本政治家三木武吉，有一次在演講會被女性聽衆嚴詞質問道：

「三木先生，聽說你有五個姨太太，身爲從政者，如此的行爲是否妥當？」

「不，你說錯了，實際上是七個。年輕時的錯誤，如今總不能遺棄，實在很沒面子。」

三木武吉的回答，贏得全場的喝采。

一般而言，人們總是居心不良地，甚至懷著惡意地想查探我們不欲人知的事。而當你不再掩飾，而透露出你不欲人知的事時，則可化解對方的警戒心，使對方認爲你是值得信賴的人，甚至對你表示好感。主動暴露自己的短處，這種予人有懈可擊的姿態，足以化解對方的惡意，甚至對你產生好感。

每一個人都有秘密，卽使不算秘密，至少也有若干不欲人知的事。目前的成功者，也許有他不欲人知的過去往事、工作上的失敗、年輕時的錯誤、肉體上的缺陷，每個人有其理由而有不欲外人知道的事。

由於不欲人知，所以便假裝自己沒有這些弱點似地與人交往，也就是說，心是武裝的。

然而，如果你乾脆解除這些武裝，表現出弱點，則對方也會感到輕鬆，進而解除武裝。

如果你的生意對手，是個心理上有著嚴密的武裝，而且十分精明的話，那麼你索性暴露弱點，投入對方的懷抱，也是有效的方法。

而當此法奏效時，也許你會發現一向不苟言笑，總是斥責部下的經理曾經有過一段轟轟烈烈的戀愛史，或者是個虔誠的基督徒等。

另外，也有一個人因工作上的失策被降職，乾脆採取開放的態度工作，結果業務的推展反而順利。當彼此有距離而事情進行不順利時，除非特別的秘密，否則採取信任對方的態度，透露一些秘密，例如：「這是我們私下談的」、「我只告訴你一人」，也許反而能夠打開隔閡。

人總是極力不讓別人知道自己的弱點，但另一方面也有想找一個人傾吐的欲求。其原因是保留秘密是心理的負擔，忍耐不安是一種痛苦，而且傾吐心事是一種本能的欲求。故藉著讀心術巧妙地誘導對方，此種本能的欲求，可使對方透露弱點或秘密。

✵先發制人的讀心術

N先生深夜回家，剛回到家裡便說：

「麻將實在不好玩，贏人家不好意思，老是裝輸，對方也感到沒趣，實在很累……」

N太太聽著N先生這番話，突然心生怪異。先生的態度不但不自然，尤其眼光不敢正視她，比平常話多，而且帶有辯解的味道，相處多年的夫妻，總覺得有點不尋常。她開始懷疑丈夫也許去拈花惹草，但一時之間却想不出追問的方法。

「覺得很累，想現在就睡，西裝明天再整理。」

當N太太不知如何是好時，N先生却搶了先機，鑽進被窩，倒頭便睡。

隔天早上：

「你昨天去找野女人吧？」N太太展開她昨晚上想出來的反問法。

做了虧心事的N先生，對太太的觀察力著實吃了一驚，但昨晚安然度過，今天已恢復鎮定。

「昨晚陪客戶打麻將。」

「也許……但是，好像有點不太對勁。」

「什麼地方不對勁呢？不要胡思亂想。」N先生假裝看報紙，一副若無其事的樣子。

「這不是口紅嗎？」N太太指著先生的內衣，仔細觀察先生的反應。

「別瞎猜，昨天只脫下西裝，怎麼可能有那種東西。」

N先生昨天的確去拈花惹草，所以內衣染上口紅的可能性並非沒有。但，N先生却穩若泰山，因爲他有信心。目前他走私的技巧已經進步，不可能內衣染口紅或帶著女人的香水味回家，事後他做過周密的檢查。

如果他誤陷她的圈套，慌慌張張問道：「口紅在哪裏？」必然立刻引起她的懷疑。

總之，從以上的敍述，裝傻的N先生獲得全勝。並非N先生的戰術好，而是N太太的戰術太拙劣。也就是說，她不懂讀心術，即使有第六感也無法獲得實證。

讀心術的奧妙之一是「先發制人」，這是很重要的。N太太的戰術失敗，在於錯過先發制人的機會。尤其此種追問丈夫走私的情形，當直覺湧上心頭時，就應該迅速展開快攻，否則便錯過大好良機了。

因為N先生走私後，處於一種「心虛」的心理狀態——絕對不能讓太太知道，而N太太卻感覺到了。正因如此，N先生的態度不自然，眼睛不敢正視太太，話多而帶有辯解的味道，這便是最好的證據。

半帶不安的心理「瞞得過去嗎？」「沒問題嗎？」但另一方面却半帶自信「沒有留下證據、不必擔心」「不會出紕漏的」，亦卽所謂半信半疑的心理狀態。

因此，N先生懷著相當緊張的心情回家，他明白當他跟太太碰面時就是決定勝負的瞬間，雖然演技不很高明，竟被太太感到可疑，但總算突破第一道門。尤其他迅速就寢，逃避追問的關頭，可謂明智之擧。

如此通過第一道門，那麼N先生的信心便大為增強，擔心出紕漏的不安心理也大為減輕，所以隔天早上，他能夠帶著相當自在與信心應付太太的攻勢。

總之，她錯過良機。當她跟先生照面時，對方是心虛的，戰戰兢兢地如履薄冰。若未把握這個先機，勝算就渺茫了。

✵扣帽子使對方招認的方法

如前所述，讀心術講究把握時間，先發制人，但在沒有物證，單憑直覺的情況下，若加上扣帽子的方法則更加有效。

「累！累！累！交際麻將實在不好玩。」

對於回家如此說的丈夫感到懷疑時，你怎麼辦？

「你一定去找野女人！」

「找野女人？胡說八道，打麻將。」被人一言道破，卽使內心有所警覺，但臉色總是多少有變化。

「騙人，看你臉色都變了。」

「別胡說，應酬、陪客戶打麻將。」

「別騙人，看你的臉色就知道了。」

如此發展下去，難免大吵大鬧起來，倘若對方如此就說出眞相的話，這當然也是一種方法。然而，敵人卽使做賊心虛，實在不可能如此便擧白旗投降，因爲對方事後經過周密的檢査，沒有留下任何蛛絲馬跡，就此而言，他是相當有信心的。因此，應該採用以下的方式進展。

「找野女人？你說找野女人，到底有何證據？」

「首先是你的臉色，我說你找野女人，你的臉色馬上變了，這是第一個證據。」

「這是很自然的，被冤枉，沒生氣就很不錯了。」

「不僅如此，還有直覺。」

「什麼？直覺？別開玩笑了。什麼臉色，什麼直覺，別再瞎猜了。」

「不錯，女人的直覺，尤其是妻子的直覺，是無法用三言兩語說明的，我太了解你了。」

「別胡鬧好嗎？不要隨便用無法說明的直覺冤枉別人，既然你這麼多疑，那就請你徹底調查清楚。」

如此一來，大多無法再追究下去了。倘若握有鐵證就不得而知，但是單憑直覺做爲證據，實在很難使對方屈服。總之，雖然開始心虛，但一旦知道對方沒有證據，反而大膽起來，這時，勝負也就成爲定局了。

倘若用扣帽子的方法，又如何呢？

「熬到這麼晚，恐怕很累吧？」

首先暫且抑制憤怒的感情，幫先生換衣服。這是爲了使敵人安心，使敵人疏忽大意。

「那當然，而且打牌又必須手下留情……」先生開始胡扯，說得像眞的一樣。

就在此時，若無其事地問道：

「牌友都是男的？」

「是的，都是男的，打麻將都是男士，怎麼…」

先生開始感到不對勁，太太則緊盯對方的眼睛，繼續投以疑問：

「不對，奇怪！」

「什麼事……」此一疑問，必定伴隨不安的心理。

「你跟女人在一起吧？」此語可謂單刀直入。

「開玩笑，哪有女人……」

先生一定連忙想抗辯，太太則先發制人，佈下圈套。

「請別爭辯，先讓我說，你跟女人在一起的證據實在很明顯，就是你的味道。就像聞酒味猜出牌子一樣，我即使蒙著眼睛，也能在衆多男人當中聞出你的味道，這是爲人妻子的特性，這一類的事不是很常有嗎？例如空難事件，遺體四分五裂，太太憑著先生身體上一點點的特徵，譬如小小的傷痕、黑痣、指甲的形狀等，指認遺體；然而，男人絕對記不住太太身體的特徵，完全無法指認。也就是說，我對你十分了解，尤其味道，我有絕對的信心。但是，你今晚的味道完全不一樣，無論你如何否認，你的味道中却帶有女人的味道，而且直接從你的身上散發出來的，如果只是坐在一起聊天，絕對不可能散發那種味道。當你與人擦身而過時，或者別人脫下西裝襯衫時，由於空氣的流動，總會有一股撲鼻的味道，但自己却聞不出自己的味道。而我剛才幫你換下襯衫時，我聞到一股女人味道，這樣的證據是十分充足的。」

「……………」

「你跟別的女人親密到帶有女人的香味，當然令我悲傷，但是你說謊更令我痛心，所以請你不要再辯解了。」

如何呢？

扣帽子這項演技最重要的是，深信不疑的態度是絕對必要的。如果被對方看出你給他扣帽子，一定會設法擺脫。因此，卽使到了對方招認的地步「實在很對不起，事情是這樣的……」，此時你千萬不能說：「果然被我猜中，你眞的去找野女人。」應從頭到尾，貫徹始終，不讓對方察覺被扣帽子才是明智之擧。

✵訴之以情的方法

在人類衆多的心理弱點當中，最爲普遍的是感情脆弱。無論偉大的政治家、事業家、冷酷的黑社會首領，這一點都跟常人沒有兩樣。尤其是非邏輯的人，一般似乎比好講道理的人、自私的人的感情更脆弱。讀心術必須抓住人類心理的此項要害、弱點，以閱讀對方的心。

例如與人談判時，儘管按理說：「除此之外沒有其他方法」「這是最佳的方法」，但對方却不肯接納，如此對方未必就是頑固者或乖僻的人。

此種情形正好證明人是感情的動物，儘管條理何等分明，理論上多麼正確，但感情却不願承認。當一個人腦筋同意，但感情不同意時，卽無法贊成對方的話。

無論世界變得多麼機械化，既然支配與推動它的是人，那麼人的感情是絕對不可忽視的。實際上，目前的國際情勢卽使乍看似乎很理性，然而，事實上人的感情却主宰了一切。而公司對公司、人對人的關係，絕對不會沒有感情介入的餘地。有時應該順順利利的事情，竟然橫生枝節，這往往是感情作祟的結果。

但是，感情這種麻煩的東西，只要處置得宜，也可加以有效利用。

如果使用理性談不出結果時，乾脆掉頭，改以感情進攻。例如透露自己的奮鬥史、辛苦的事，以訴諸對方的感情。

「我的家境清寒，每餐吃一個饅頭充飢。」「被派任於寒冷的高山上時，我曾經靠自己的小便暖和雙手。」你若這樣訴諸對方的感情，大多可化解對方堅硬的心。用理論或道理談不來的人，往往無法防範來自感情的攻勢。

此法不僅限於理論行不通的對手，在一般生意上，當對方防守嚴密時，改變角度的攻擊也很有效。

再者，這當然看事情的內容而定，有理講不清的非理性的對手，有時派女性登場也是一個方法。非邏輯而感情式的女性之所以能夠奏效，乃是由於女性柔和的氣氛緩和了對方的感情。

刺激不安的方法

質問犯罪者的刑警實在擅長讀心術。所謂軟硬兼施、威逼利誘；有時粗聲惡語，有時則很有風度地遞香烟，諄諄告誡為人之道。此種緩急自在的表演，即使窮兇惡極的罪犯也陷於不得不招認實情的立場。

威逼利誘

犯罪者畢竟也是人子，當刑警們說道：「你的雙親不知多麼悲傷」、「你無辜的太太實在可憐」，犯罪者也會感到悲從中來，據說大多往往因此而招供。

然而，這是刑警與犯罪者此一特殊形態的方法，我們總不能對人軟硬兼施、威逼利誘。但，刑警使用的技巧之中，有一項刺激犯罪者不安心理的方法，這在一般場合大多可以利用。

例如：「你越隱瞞，心證越壞，判刑也就越重。」「如此的話，你至少要在監獄待上十年」等，刺激或助長對方不安的心理，以促使其透露實情。

這未嘗不能視爲一種脅迫，對於經驗不夠的犯罪者非常有效。

若將此法應用於一般的情形上，那就是使對方把結果一直朝壞的方向想，給予對方不安，動搖其意志，這就是關鍵所在，經由輕度的精神上的脅迫與恐懼感，剝奪對方撒謊或討價還價的餘地。

此方法非常地普遍，任何人都在日常生活中常常使用。例如，責備小孩：「以後再做錯，叫警察來帶走」「好玩不讀書，以後不能成爲偉人」等。然而，重要的是此法必須經過仔細的計算，以便做有效地運用。

當此法應用在生意上時，應若無其事地給對方一個印象：「假使商談不成立，後果不堪設想。」暗中煽動心理上的不安，始爲賢明。人類心理的通病是經不起不安或動搖，如果能干擾對方精神的平衡，卽可掌握主導權。

改變場所與氣氛的方法

當一個人面對不熟悉的場所或氣氛時，一時將陷於心虛、萎縮的心理狀態，而頻頻發生意外的錯誤。利用此項心理，卽可做爲改變場所的憑藉。

當你必須跟重要的生意對手在酒吧或料理店喝兩杯的時候，如能事先籌備以下的事項，效果將更好。

首先，利用老闆的關係，請他代爲介紹一家特別豪華且僱有美女的會員制酒吧。事先找二、三名女服務生，預付小費。就是說，當你帶客人來時，希望她們在短短的三十分鐘內（時間太長則浪費金錢），做特別的服務。

其次，跟對方小飲後，儘量讓對方付賬，再說：「輪到我了」或「我有個熟悉的地方」，先撥通電話，然後帶對方過去。

這是爲了出乎對方的意表，因爲對方以爲一定又是大同小異的地方。

接受門僮的最敬禮，踩著厚厚的地毯，室內靜悄悄，坐定之後，對方一定已經感受到輕微的心理上的震撼。因爲此地的氣氛跟一般的酒吧大相逕庭，客人的種類也簡直不一樣。全部有如自己公司的老闆一般，僅僅這一點卽能使對方產生相當大的壓迫感了。

接著就是事先安排好的女服務生登場，各個穿迷你裙，長得亭亭玉立，當服務開始時，凡是你想知道的卽可開口問了。儘管在酒吧談正經事，會被認爲不懂情趣，但別在意這些，畢竟所費不貲。

對方將因這意外的過程與豪華的氣氛而暫時被壓制，亦卽處於暫時性的心虛與萎縮的心理狀態。人處於此種「怯場」的狀態，是無法輕易說謊或討價還價的，頂多只能同聲附和。人遊玩總是配合自己的身份，像大老闆光臨小餐廳，小職員進豪華的會員酒吧，除非情形特殊，否則是不可能的。因此，由於事出突然，對方心理一時無法恢復過來，乃是當然的。

再者，除了此種佈置圈套的方法之外，另外，還有廉價而不必花錢的方法，那就是出其不意造訪對方的家庭。

此法當然適用於任何人。對於飲酒，在家與在外，酒意有相當的差異。在家喝一瓶啤酒的人，在外如不喝二、三瓶，不能獲得相同的酒意。也就是說，人在自己家中時解除心理上的武裝，在外無論如何放鬆，總是不能全面地解除武裝。我們甚至可以說，當一個人第一步踩出大門口時，臉上便戴著假面具，與別人接觸時，卽使無意識，也處於不得不帶有多面性的立場。因此，若想知道對方的眞心、眞面目，則以拜訪對方的家庭最爲有效，因爲對方在家庭中的地位是無法隱瞞的。

談話時，人們總會說一句客套的外交辭令：「有空請光臨寒舍」，既然如此，你也可來個家庭訪問，或許能夠目睹對方的眞面目。

卽使在外佯裝嚴謹，在家也許怕老婆；好好先生在家也許是個令人難以侍候的人物。因此，突然造訪，對方沒有戴假面具的餘地，或許眞的能夠一睹廬山眞面目。

再者，一個人當被人看過眞面目之後，至少對對方會緩和心理的武裝。也就是說，既然不想讓人知道的被你知道了，在意識上你就佔了上風，我只好認輸了。

✵完全附和對方的同調法

一個人開始表達自己的意見時，倘若對方用著熱心的態度聽講，當然談得起勁。如果對方提出反對意見，或者感覺對方好像不太認眞，也就提不起勁了。

如果你的對手是此種類型的人，那麼你就不要提出異議，必須徹底贊成對方的意見，讓對方心情愉快地談下去。例如對方跟上司或同事意見不合，而且又固執自己的意見時，你應該這樣回答：

「你的意見絕對正確，如果我處在你的立場，我也會採取同樣的態度。我完全同意你的看法。」

即使對方說出頗爲極端的意見或違反道德的觀念，也必須積極地接受，切莫提出反對的意見或忠告。

既然彼此意見一致，對方將認爲自己的意見全部獲得承認，大多會很率直地而且愉快地透露自己的眞心，如此卽可打聽到你想知道的事。

故意唱反調的方法

人的個性有各式各樣的類型，有一種人總是喜歡跟人唱反調，你說右他便說左，你說左他則說右。卽使對方的意見正確，但此種類型的人却不肯率直地承認，若不加句話、不加個條件的話，絕不肯罷休，這是心理上屬於自我擴張型的人。

再者，卽非如此，也有一種特異型的人，其所處的立場或意見總是少數意見，想法總是難以獲得他人承認；此外還有一種人，總是認爲自己的意見最爲正確。此種類型者的共同心理，就是總是要說服別人，促使別人同意他的意見。

再者，不限於此種類型，有個人類的共同心理，那就是極端地不願自己的想法被別人誤解，也就是說，希望自己獲得正當的評價。利用此項心理，卽產生了「故意唱反調以刺激說服意願的方法」。

例如，故意言過其實：

「貴公司的課長非常能幹，聽說營業部也有一位那樣的主管。」

如果對方對課長或營業部懷有反感，一定反駁道：

「那位課長只是表面上……」

不僅課長，另外也可拿對方的同事做比較，給予過度的評價。總之，不要貶低眼前的對手，抬別人出來，強烈地刺激對方的自負心，否則甚至可能引出對方內心隱藏的鬥爭心理。

使人具有優越感的方法

人類眞是奇妙，品行端正、忠厚老實的正經人往往不受歡迎，反而是缺點多的人或具有各種弱點的人，比較討人喜歡。試著解剖此種心理，此種到處有懈可擊的人，不會引起對方警戒，使對方反感的要素，也比正經人少，即是所謂比較容易對付的人。

缺點或弱點少的人，卽使他對於對方沒有敵對的意識，但對方却對他產生嫉妒或反感，成爲所謂的眼中釘。就讀心術的立場來看，當你引起對方的警戒，促使對方故意逃避你，那麼你要摸

索對方的心就很難了。

因此，視人而定，有時你必須退一、二步，與對方接觸。這是使對方擁有優越感的方法。

就一般的情形而言，優越感或同情並非針對比自己偉大的人物，或立場比自己更有利的人物所懷抱的感情，而是對於跟自己同等立場的對手有強烈的意識心理。

要給予對方擁有優越感，首先應消除對方對你的競爭心或對抗意識，否則很難使對方採取打開心房的態度。為達到此目的，最好的方法大概就是恭維戰術了。

但，誇獎別人是一件很難的事。因為半吊子的誇獎會變成明顯的恭維，往往反而引起反效果。因此，誇獎男人時，與其當面誇獎，毋寧透過第三者，效果最大。再者，倘若必須當面誇獎對方時，以採用間接誇獎法較佳。例如：「貴公司的課長說」或者「我們公司的人說」等。任何人對於不像恭維而具有眞實性的誇獎都不會反感的。再者，如果對方露出得意之色，不妨再繼續誇獎。

但，假使對方是女性的話，此種誇獎方式無效。首先，私下誇獎女人很難傳到她的耳朵，如果希望別的女人代爲傳達，可說完全不可能。女人除非面對面誇獎，否則沒有被誇獎的感覺。對於女人的誇獎卽使言過其實，也應該當面誇獎才有效。

跟誇獎相反的，有時到對方的公司拜訪時，正好碰上對方被上司責罵的場面，此種情況可謂最佳機會。因爲，當一個人在他必須裝體面的對手面前丟人現眼，或者自尊心受到傷害時，反而對那位撞見的人懷有親近感。由於尷尬、羞恥、失體面等，至少面對對方所戴的假面具也就被摘下來了，但結果究竟是好是壞，實在也很難講。總之，遭遇此種情況，悄悄避開，假裝不知道才是禮貌，也是爲對方著想；但如何處置，就應看當時的情況而定了。

從慾望或趣味推理對方的方法

人有各式各樣的慾望，生活的最大目的是爲了滿足慾望，如此說法當無太大的謬誤。人爲了滿足慾望而絞盡腦汁、玩弄一切的權術，爲了達到目的更不擇手段，甚至不惜殺人，這是人類社會的實相。換言之，人太過於追求慾望的結果，反被慾望玩弄，被慾望支配。

對人類而言，再無法找到像慾望這麼強烈的誘惑了。人類所擁有的二重、三重性格或掩飾本性的假面具，都是爲了搭乘名爲「慾望」的車所需的手段。因此，明白對方的慾望，也可成爲反過來推理對方眞心的綫索。

例如商業上的折扣戰術或賄受賄，只要對方的心未具有某些慾望便無法成立。也就是說，由於有人迷上賭博或賽馬，喜歡上酒家，需要花錢，所以這些方法才會奏效。

人多少有慾望，沒有一個人完全沒有慾望，從大的野心到小小的願望，每個人內心都有各自的慾望。然而，有的人毫不在意地說出自己的慾望，有的人却秘而不宣。倘若知道一個人的慾望，即可預測其行爲、思考方式等。

例如找機會跟生意對手閒聊，談酒、麻將、女人、經濟、趣味等，從各種話題中找出對方感興趣的問題。也許進而發現對方是個喜歡拈花惹草的人，甚至發現對方有情婦，另外也可能發現對方對自己的外表或容貌懷有自卑感等。

談到對方的公司時，不妨試探一下：

「你大概快當課長了？」

「還早呢……」如果對方偏著頭，表情略微顯出得意之色，那麼這也許是他內心相當大的願

因此其在談生意時必會相當謹愼。

「幾乎完全不可能，我們公司的當權派是台灣大學的畢業生，我根本沒有擠進去的希望。」

如果對方如此回答，那麼他的慾望可能在其他方面，例如：做一些業餘的嗜好以彌補工作上的欲求不滿。雖然如此，工作歸工作，即使對方不打算晉升課長，談生意未必就馬虎。

如果對方興趣是圍棋或麻將，不妨找機會跟他玩一玩。因爲從圍棋或麻將可類推對方的個性或爲人。

下圍棋喜歡讓棋打架的人、不考慮自己的棋，只想拿對方的棋的人、先鞏固自己的棋才去取對方棋的人、避免棋打架的人等，都各有各的特性，也許表現出平常難得一見的一面：毀滅型、細心型、老奸巨猾型、勝負結果執著型、看樹不看森林型、執念型、乾脆型等等。

同樣地，打麻將或玩賽馬也會流露性格。堅強型、懦弱型、膽小型、一決勝負型、愼重型、矛盾型、耐心型、達觀型，或是以上各種型適當混合的綜合型等，可說各種性格應有盡有。

以上表現在趣味方面的性格，大致不妨視爲該人平日性格的流露。未必只有在勝負方面才能察知對方的性格或觀念，看書的傾向或看書的方法也可成爲推理人的性格的材料；還有，從對方喜歡的電視節目、打高爾夫球的方式、玩電動玩具的方式、飲酒的方式等，也可成爲了解對方的題材。總之，只要注意觀察對方，卽可推理對方。

待人接物的讀心術

辨別肯定反應與否定反應

你是否也有這樣的經驗呢？跟一個初次謀面的人說話時，對方完全反對你的意見，簡直談不來；但是，却有一種人完全贊成你的意見，談得很投機，一見如故。

人的一般心理有這樣的傾向，一開始便反對對方的意見時，有繼續反對下去的傾向；相反的，開始時贊成，很可能到最後都贊成，這叫心理的「否定反應」及「肯定反應」。開始時對方的想法偶然跟你一致時則沒問題，萬一想法不同時，也就會引起對方的對抗意識，變成否定反應了，所以，即使沒有格外反對的必要，對方也會反對的。

當你跟人說話時，務必將這否定反應與肯定反應牢記在心，千萬不要隨便說出自己的看法。爲了導出對方的意見，採用尊重對方的方式，例如：「請問你的高見如何？」這樣才是聰明的做法。至於率先發表自己的意見，如果對方表示反對，說服起來就費口舌了。但如果對方先提出意見，由你展開說服的話，由於對方先發表意見，多少總有跟你一致的地方，你只要採用輕鬆的態度誘導，說服起來也就不致於太累了。

第一印象獲得正當的評價

鐘錶太快或太慢都不好，畢竟以正確最爲重要。

人際關係的第一印象也一樣，別人對你的評價過低或過高，都對你不好。尤其人往往靠第一印象決定並判斷對方，於是對方便靠著第一印象來對待你，和你長久交往。

一旦第一印象被認爲是天眞的人，以後要改變就很難了。相反的，受到過高的評價，也有許多意想不到的辛苦。過高的評價，不僅是包袱，一旦被揭穿，評價即逆轉直下，做爲一種反動，反遭輕視，也是很不划算。

人與人的交往，總是有必要獲得別人正當的評價，談判時基於想談出結果，而太過積極或顧慮太多都是禁忌的。此時，與其貶低自己的價值而抬高對方，毋寧保持自己的價值而故意給對方過大的評價，才是聰明的做法。

唯我獨尊

如何應付唯我獨尊型或對你反感的人

認爲自己最正確、不肯接受別人意見的唯我獨尊型的人，似乎格外多。

對於此種對手，千萬不能當面反駁他，因爲這麼做將促使他更走火入魔。此種情況，逆用對方的心理，尊重與支持他的意見，才是聰明的方法。如果他的想法錯誤，他自然會受到教訓；如果他的想法正確，則他必將對你懷有好感。

另外還有一種人，即使你對對方沒有惡意，但對方却對你懷有反感。同樣的，此種類型也不可以正面對付他。

對這種人，不妨佯裝絲毫沒有察覺到他的反感，反而親切地與他接近。儘量與他同調，積極地支持他的意見，或者私下誇獎他，這也是一個好方法。

說服他人時感情重於理論

說服別人或使別人同意你的意見時，一般傾向於只訴諸理論或道理。然而，人畢竟是感情的動物，即使理論或道理多麼正確，但感情却不願承認時，便不能算是由衷贊成。尤其對方不是心悅誠服時，即使表面上贊成，但却陽奉陰違。

因此，說服首先要動之以情，始爲明智之舉。最好避免開門見山，先寒暄聊天，使對方的心緩和下來，然後再談正事。獲得對方首肯，這才是最有效的方法。尤其對方是女性的話，女性大多用感情判斷事物，所以不妨把理論或道理擺在最後面。

只要感情同意卽可，理論只是點綴罷了。

應付女人的方法

目前的公司行號，很少沒有女性職員，所以在工作上如何跟女性應對，也是很重要的，而其中最必須留意的，大概是稱呼方式了。一位三十歲上下的女性，千萬不能誤稱爲「太太」或「夫人」，因爲對方對自己的立場超乎必要以上的敏感，給予刺激等於主動跟她結怨。對於一位三十歲上下的女性，應該採用尊重對方的稱呼，尤其此種年紀的女性，在她的工作地點已有相當的資歷，隨便掉以輕心的話，不知將招來多少無謂的麻煩。

另外，對於工作的層次較低的女性，稱呼或態度切忌隨便，因爲這將引起她們強烈的反感。如果不知對方的姓名，則以「小姐」這個代名詞稱呼，滿足她們的自尊心，乃是最爲賢明的方法。

總而言之，工作上跟女性的應對之道，給予輕度的誇獎比親切地待她，效果更好。但是，誇獎的方式沒有積極的必要，有機會誇獎一下，這樣對自己也不會造成太大的心理負擔。還有，誇獎時要注意的是，切忌在別的女人面前誇獎另一個女人；同時，不要用相同的恭維誇獎任何一個女人，如此將惹火對方，反而招來負面的效果，畢竟恭維也要講究個性或特徵。再者，如想高明地操縱女職員，則承認她們的職責，使她們工作起來更起勁。總之，注意不要引起女職員的反感，妨礙到工作。

如何對抗優越意識

目前大學生的數目激增，過去的稀有價值似乎已不再存在，但大學生的特權意識仍然存在，尤其台大畢業生，世人對於他們的知性能力的優秀性給予很高的評價，助長了他們的優越意識。實際上，無論政府機構或企業公司，台大畢業生很吃香乃是事實。

試著分析此種優越意識，則將發現其背景有著相當不簡單的「結構」。所謂優越意識乃是本人自以爲「精英」的自信與自負，外加世人承認的條件，才得以擁有的心理狀態。

換言之，優越意識與其說是他本身的意識，毋寧說是社會給予他們的特權意識。如果社會不用特別的眼光看待他們，即使台大畢業生如何地表示「我是優秀的」、「我是精英」，優越意識仍然無法成立。

你的周圍一定有此種擁有優越意識的人，而未必僅限於台大畢業生。也許他們的知性能力的

確比別人優秀，但他們却似乎採取一種瞧不起別人的態度；然而，此種類型未必就沒有弱點。如果你必須跟優越意識交涉或交往時，要如何處理呢？

首先，優越意識有下列幾項心理上的特徵：

①自負。這是社會承認他們的能力，使他們產生過於自信，亦即傲慢，自以爲「我跟一般人不一樣」。

②非常識。熱衷於開發自己的知性能力，而社會常識的訓練大多不成熟，而且內心存在著輕視常識的觀念。

③外表殷勤實則無禮。內心有著一股比別人優秀的信心，所以心理上總是處於高人一等的立場。也就是說，內心瞧不起對方，而在態度上表現出來。

④夥伴意識。這是具有優越意識的人們的集團意識，集結形成派閥，他們絕不可能落單。

⑤假藉背後的權威。身為組織中的一員，有假藉權威的習性，若無組織的權威，優越意識也就不逼真了。

了解他們大致有以上的心理構造後，應如何應付呢？對於自視甚高的他們，恭維大多無效。因為他們被社會寵慣了，變得自大、自滿、恭維的言語在他們聽來是極其自然的，沒有特別值得感激的地方。

如果恭維就可對付他們，那麼他們的優越意識未免太淺薄了。雖然如此，你也不要用學歷無用論之類的話去對抗，殺他們的銳氣，這樣會招來陰險的反擊，反而不划算。

至於對付他們最好的方法，那就是極其消極地承認他們的優越意識。然而，只要承認這一點，其他的一切恭維全部不要使用。如果對方有非常識的地方，那就毫不客氣地加以指責；至於對方外表殷勤實則無禮的態度，你就假裝毫未察覺，這才是高明的處置方法。

再者，假藉權威者通常也怕權威，這是他們的弱點。

有時，你也應若無其事地顯露一下權威，偶爾改變一下態度，然而，顯露權威不得其法，却會招惹對方的反擊，所以不要採用經過計算過效果的態度，心血來潮隨便提一提，而且你必須假裝沒有發現效果。

接受對方的弱點

知道別人的弱點，然後利用別人的弱點，使交易對自己有利，此種行爲是不值得鼓勵的。但，此地所謂弱點，絕非指收集別人的秘密，利用它來脅迫對方，以獲得利益。

換言之，知道對方的弱點是爲了了解對方，以識破謊言，並免於被對方要戲，以便把人際關係導向有利的一種戰術。

例如：對方懷有強烈的警戒心，討價還價，無論如何也談不攏時，如果你事先知道對方的弱點，也就可以使談判達成良好的結論了。若對方喜好女色，那就不妨投其所好，情勢必定大爲好轉；這是任何人都知道，也是任何人都會使用的方法。一個人卽使擺著多麼嚴密的架勢，看起來似乎無懈可擊的樣子，然而，只要是過著社會生活的人，總有弱點或脆弱的地方。

對方的地位高，或者能力卓越，這些絲毫沒有畏懼的必要。因爲他們一定有他們的弱點，至於如何找弱點呢？

①經不起金錢的誘惑嗎？　這一點沒有富翁或窮人的區別。因爲許多富翁也一樣對金錢懷有異常的執著。

②心腸軟嗎？　是否是那種看悲劇的電影或連續劇便紅著眼眶的類型？
③怕權威嗎？　是否尊敬或害怕名人或權勢者呢？
④有欲求不滿嗎？　工作、家庭、愛情等方面是否有不滿？
⑤有自卑感嗎？　工作、學歷、能力、身體等方面是否有自卑感？
⑥成長的環境是否異常？　家庭背景、經濟情況、教育、雙親的愛心等是否有問題？
⑦過去的經歷與事件　考試、就職、轉職、愛情、犯罪等方面的慘敗。
⑧是否有特別的嗜好　賭博、酒、女人、興趣等。

私下調查以上八項條件，如有合適的，即可做為弱點應用了。也就是說，由此可了解對方的氣質、思考方式、心理的狀態等，並以其缺點做為突破點，接近對方心理的核心。

第五章　向女性示愛的讀心術

風流倜儻者的資格

曾有某年輕女郎這樣說：「A先生聰明、教養好，長得英俊又勤奮，是一個值得信賴的男性，也可說是至今所見中條件最佳的男性，但是不知爲什麼，每次遇到他並不覺得特別高興，總認爲他缺少一點風趣。」

我雖與A先生素昧平生，但像這種又聰明、教養好、勤奮可靠又英俊的男士，眞可謂曠世難求，而這種完美無缺的男士，竟然不受女性歡迎，眞是不可思議。

像這種例子竟多得不勝枚舉。爲那些在男人眼中評價不高又無聊的男人神魂顚倒的女性，竟不在少數。這些男人乍看之下，實在不具備吸引女性的條件。因此女性好惡的標準究竟是什麼？試由女性所歡迎的男士類型，及其喜好某類型男士的理由，來探討其心理，大約可得到以下的解答。

首先必須理解，男人的教養、淸晰的頭腦、勤奮的性格等客觀條件，並不是吸引女性的首要條件。A先生若對女朋友談些物理學、政治、經濟等高程度的話題，她一定會感到無聊的，實際上，她更希望談些易懂的電影或遊樂的話題，而生性一絲不苟的A先生，他不可能招待她到充滿

羅曼蒂克的場所去。

總之，雙方到此已無法再溝通。因爲她並非把A先生的教養、頭腦、勤奮程度等，列入首要考慮，因此她無法獲得滿足也是理所當然的了。

那麼，她最祈望的是什麼呢？不是別的，只是戀愛的眞正感覺而已。教養好、聰明、勤奮的性格等男方的客觀條件，無法引起戀愛的眞正感覺，相反地，還可能使戀愛的眞正感覺疏淡。

換言之，女性希望能切身、深刻地感受到愛人的眞正感覺。所謂切身的感覺，並不一定是指性關係，而是聽些甜言蜜語，只有兩人卿卿我我地談戀愛等。

因此，首先不需要教養好。因爲，一絲不苟的性格雖有表面上的價値，但是對引起女性戀愛的感覺與氣氛却有所妨礙。

最後，爲了贏得芳心喜悅，須一反以往生硬的作風才好。

和她共同欣賞她所喜歡的電影或戲劇，談些幽默有趣的話題，適當地發揮不良習性，製造羅曼蒂克的氣氛，給予她充分的戀愛感覺，如此女性才會錯覺到自己眞的在戀愛。

當男人能運用自如地實行這些事時，他就已踏出誘惑者的第一步了。

一讚美，二魄力，三氣氛

世上郎才女貌配的夫妻實在很少。英俊的男士多半與美女無緣，而美女也常伴拙夫眠，這類結合實在很有趣。因此，所謂容貌、姿色並沒有多大價值，只不過是聊以藉此區別人類的一項記號罷了。畢竟，雖說是俊男美女，但與犧牲色相製造價值的藝人還是有所差異的。

且說那些其貌不揚者，却常娶得美女爲妻，他們究竟用什麼技巧呢？

✽ 首先是爲了博取芳心而讚美對方。女性最爲在意的，不是男人的長相、敎養、頭腦等消極性的東西，而是喜歡男性讚美她、承認她的美。美女常有誇耀自己漂亮的心理，而且心中強烈地祈望別人尤其是男人能夠欣賞自己的美。

「自己雖頗具姿色，但或許有人更美」，或者「自認容貌實在稱不上美人」等，女性經常與同性做此類比較，而對本身做評價。此時若稱讚她「妳眼簾低垂時非常迷人」或「好纖細修長的手指」等小地方，她會快樂得無以名之。

爲了使自己看起來更美，也希望成爲衆人的焦點，女性們不惜努力節食以保持身材。因此，女性的愛美也可稱之爲女性的弱點。

人對於對自己瞭解透徹的人，總是無法抗拒的。沒有女性聽到男人甜蜜的讚美會不高興或生氣的。雖然杏眼圓睜地說：「啊！騙人！」或「我要生氣了喔！」但心中却洋溢著幸福的快感。尤其此時所說的「我要生氣了喔！」可說是高興的代名詞。

若讚美男士，則透過第三者轉達給當事人，其效果最佳；而讚美女性却一定要當面，且須多方地讚美，不僅容貌、思慮、携帶物等，不論什麼均可以讚美。出色的讚美辭是誘惑者的最佳利器。

如果你懷疑讚美的效果，那麼每次遇到女性時，請獻上最誇張的讚美，如此該女性一定也會對你表示好感。

總之，誘惑者常藉著讚美，而激起某女性的關心。

✽自古以來，一魄力、二金錢、三男人等是對付女人的三大利器。二的金錢和三的男人當然是必要的，而如今最重要的當推魄力這點了。

所謂「精誠所致，金石為開」，何況女性的心並不像金石那麼硬。

女性最初對男性高明的讚美、愉快的刺激等，未有不抱好感的，但尚未陷入不能自拔的地步，所以其次就要展現男性魄力。

但是，即使對希求奉獻感情或談戀愛的女性，亦不可操之過急。對女性而言，為愛情而奉獻一切乃是人生的最大目的。

但是，女性也遠比男性現實。在為愛情神魂顛倒之前，被迷湯灌得呈半麻痺狀的腦中，依然不會疏怠計算。也就是說，心中會盤算著男性的各種條件，如「可以和他結婚嗎？」「他是合適的對象嗎？」等。

此時須判斷女方是否已死心塌地對待你，若否，就要展開不屈不撓挽留的功夫，也就是所謂的魄力。

魄力必須有耐性及熱情，而且只須表現出十分的誠意，並不需要特別的技巧。

即使對女性用盡各式各樣的讚美辭，令其陶醉不已，但魄力之應用若後繼無力的話，則女性對男性之感覺亦僅停留於好感而已。因此雖女性已陷入暫時性的迷戀，若不繼續趁勢加油，女性就無法積極地持續下去，煞費苦心所培育、剛剛萌芽的愛情，也即將面臨枯萎的命運。

她雖自負爲美女，且周圍的人也都承認，但絕少接受男性的邀請，而你一點也無庸畏怯。此時她沉醉在周圍人們誇張的讚美中，且希望此種接近厚顏的讚美能夠一直縈繞耳畔。愛聽讚美辭是女性最大的弱點，故你若能不半途而廢、持續不斷地讚美，必然有擄獲芳心的機會，而且愈漂亮的女性愈喜歡聽到讚美。美女雖常自負自己的美，但是對否定自己的男人十分地反感，而對讚美、肯定自己的人容易喪失警惕心。

用不著因邀請女孩子四、五次不成功，便灰心喪志，因爲從不曾聽過一個女性能拒絕別人達十次之多。多半沒有耐性的男性，被拒二、三次以後便死心了，但是女性通常在第五、六次的邀請中，便已爲你傾心了。

對女性而言，沒有比男性的魄力更具威力的武器。而且男性對女性美麗的肯定，最能夠滿足女性的自尊與虛榮。

依各類型女性之不同，有對邀請拒絕一次，也有拒絕兩次的。她們的理由並非是不中意對方，卽使多少有點不滿意的人，若邀請三次以上她也會答應，因爲她期待得到愉快的刺激和聽到稱心的讚美。

女性最初之所以拒絕約會的理由，主要是由於羞恥心，或爲抬高身價而擺架子，但也有誤以爲這是戀愛上的禮儀而拒絕的。但不管在什麼情況下拒絕了約會的女性，心中一定會泛起些微的後悔，深恐「這次拒絕了，他不會再邀請我了吧！」心中因而襲上一層輕微的不安和憂慮。因此，希望第一次就答應邀請，這才是女性最誠實的意願。

雖然女性爲自抬身價而拒絕第一次的約會，但內心則更期待能若無其事地答應第二或第三次的約會，因此必須瞭解女性之所以拒絕約會，其實只是一種幼稚的想法或單純的手腕，其次再發揮符合女性期待的魄力十足的功夫。

✽容易被氣氛或情緒感動是女性的特徵。雖然男性都知道氣氛是瞭解女性心情的最佳利器，但竟絕少有男性想利用它。

氣氛或情緒並不單指約會或散步的場所。雖然微暗的咖啡廳播送著羅曼蒂克的音樂，佈置了充滿情調的小道具，但這些都只是配角，這是無法打開對方心扉的，最重要的主角還是你本身。

在眺望得到港口的豪華飯店吃飯，充滿羅曼蒂克地兜風，在昏黃燭光下聽音樂或飲酒等，確實效果絕佳，有些女性便如此簡單地沉醉了；而對那些見識廣博、習慣這種場面的女性，單是如此是行不通的，必須再多加精心設計。因爲帶她到此地來，就一定要徹底地激起她情緒的高潮才行。

但是什麼叫情緒？一言以蔽之，女性的情緒就是戀愛的感覺。這種說法雖然有點匪夷所思，但若完全無法激起女性戀愛的感覺，那就無法使女性傾心。因此，對那些聰明、教養好、勤勉、可靠的男性不感興趣的女性，說不定一下子就與那些可激起其情緒却無甚價值的男性，雙雙墜入情網了。

且說激高女性的情愛，並不需要特別的手段。當女性陷入情網之前，她一定希望對方瞭解其一切，亦希望熟稔對方的一切。因此，懂得如何利用此心理才是必要的。

例如：從對話中選擇與她有切身關係的話題，如她的家庭、興趣、戀愛觀等都可以。儘量引出話題，然後聽她娓娓道來，而且須隨時附和、贊同對方的意見或想法。

同時，輪到自己說話時，應儘量充分流露出「我好喜歡妳」的話意。若缺乏話題時，也可多加讚美對方，或靜靜、深深地凝視對方，並輕壓著她的手，如此也非常有效果。

當然一定要選擇與兩人均有關連的話題，而且也須限定於羅曼蒂克的話題。因女性對政治、經濟等話題不感興趣，談些普遍性電影或戲劇最為恰當。

其次是你對待她的態度問題。卽使外國女孩也會要求先生永遠專情於待她，也就是希望先生對自己的關懷永遠長青，如此就會感到無以言喻的幸福，因此你必須全心專注地關懷她。

例如：約會時絕不可看別的女人，不要聽別人說話，除了這些消極的細微事項外，如再積極地特地借她的香帕使用，或藉開車的理由，要求她替你點煙等，都將可以收到意想不到的效果。也可大大方方當面要求：「我想握妳的手。」這樣效果也不錯。如果趁其不意地握住她的手，可能引起她的驚懼或不安，誠懇地事先聲明，就沒有這層顧慮。總而言之，約會時，積極地向她表示「我為妳著迷」，這是非常重要的。

另一個挑起女性熱情的方法是跳舞。男性雖喜愛肉體的直接接觸，不過肉體上間接接觸的跳舞，對女性特具效果。並不是被擁在男人懷中跳舞，可以挑起熱情，而是音樂的節奏會刺激女性本能上的器官機能，因為卽使受文明洗禮的女性，依然保有未開發土人般本能上的器官機能。

當女性漾起暫時性器官的機能時，無可否認地，對擁抱著她的男性是很有利的。因此你若懂得利用此法，趁熱打鐵地煽動她的熱情，這是最有效的。

以上簡單地介紹了三項向女性示愛的一般方法——一讚美，二魄力，三氣氛。雖說女性亦有各種類型，偶而也有不適用此三原則的例外情形，但除精神異常者外，此法通常均可奏效。

雖有自認有理性、敎養好的女性，乍見似乎討厭奉承，而冷笑道：「你在胡說些什麼？」也有冷淡地拒絕道：「那種人我眞是打心底討厭」的女性，但如果因此馬上就死心的話，未免言之過早。如果應用此三原則不能奏效時，諒必是你有所錯誤。因若千篇一律、一成不變地讚美，或讚美方式應用不當，反而會弄巧成拙，使對方誤認你戲弄她，而大發雷霆。

施展魄力的功夫若不到家，到手的獵物還有可能被奪走，因此小心翼翼地守護是很重要的。另外，如無法完全挑起其情緒，那麼將僅止於朋友關係。總之，應用此三原則却不成功時，必定是某項發生了錯誤。

世上關於成爲獵艷高手或情場老手的方法，不勝枚擧。如對女性要體貼、讓她著急一下、有時也要發發火等，有效果的技巧很多。但是，這些方法均可納入三原則的範疇，例如：使女性焦急一下，這種效果與展現男性魄力有異曲同工之妙。常常展現男性毅力的魄力，也是依據三原則而衍生出的技巧。

但是，亦無需特地使用艱難的技巧，只要細心地讚美、略微地展現魄力及挑起熱情，這些傳統的方法就足以獵取芳心了。如果懷疑此效果的話，不妨試想設身處地、置身其中，便可瞭解了。

試想著一個你所討厭憎惡的人（男女均可）。如果此人一而再、再而三地向你坦承過去的錯誤，甚至獻上最高的讚美，表達他素來的仰慕，此時你還能頑固地拒絕，繼續地憎恨他嗎？說不定他將成爲你最親近的仇人呢！由此印證自己的心情，你將瞭解人類的心情。

而且，此時此人不但已解除對對方的積怨，說不定尚可徹底利用三原則，牽住對方的心。

但是，使用三原則不得不注意的，還是你本身心態的問題，亦卽自尊心。被女人甩了時，不會眞的傷及自尊心的。

因爲女人的嚴厲拒絕，就如同小孩的水槍一樣，槍口永遠是反覆無常的。所謂男性眞正的自尊心，是指別人傷及其勇氣時，從心底發怒的感情。

這就是說，缺乏向眞正心愛的女性示愛的勇氣，而遭人取笑，那才是眞的自尊心被傷害。

✦女人最清楚女人喜歡的示愛方式

某熟人R（四十歲）有過這種體驗。

某夜，他被朋友邀到M酒吧去。朋友是二度光臨該店，而R則是首次接觸。原來R就不是很受女性歡迎型的人，但也不是全無吸引力。另外，雖稱不上採花高手，但亦時常尋花問柳，可說是極爲普通型的紳士。

當他坐下拿起餐巾時，有個大約二十歲叫美雲的服務小姐過來陪酒。她長得十分清純，可愛，因此R很中意。

在酒吧裡談的話，大約都是不關痛癢的，可是過了一會兒，他忽然想到一件事。

「啊！美雲，我誠懇地想跟妳商量一件事。」

「什麼？跟我商量？」

「不許笑，也不可以生氣喔！」

「好，沒關係，說吧！」

他一副認眞的樣子，因此美雲也改變態度了。

「每次看到妳，我就會想起來，某家我常去光顧的店裡，有一個女孩跟妳長得一模一樣，不管臉孔、動作都一模一樣，第一眼在這店裡看到妳時，我眞的嚇一大跳。」

「啊！眞的？和我長得一模一樣？竟有這種事，眞令人不舒服。」

「不，面對面仔細察看的話，有些小地方和音質等，跟你多少有點差異，但是容貌、裝扮幾乎一模一樣。」

「咦？那麼……」

「嗯，其實不去想她也就罷了，不過我覺得她變不錯的。」

「也就是說喜歡囉！」

美雲一副口含著酸梅似的表情，但是却眞的被挑起了興趣。

「和妳商量這種事，或許妳會不高興，但是我們相識一場，總也算有緣，而且她長得實在跟妳太像了，因此特地找妳商量商量。」

「如此說來好像我也有責任似的，好吧！既然不是約會是商量，那就說說看吧！」

「謝謝，那麼我就開門見山地說。實際上，我誠懇地希望和她做朋友，但却不知如何表示。想請妳教我一些方法。」

「嗯，眞頭痛。雖說和我長得很像，但人還是有許多不同的，不過總是相識一場，我也好想教你呢！」

「我信賴妳而找妳商量，談到現在才發覺，妳實在比她聰明多了，因此找妳商量準沒錯，況且妳們女人也比較瞭解女人，我正打算照著妳的意見，一步一步地實行呢！」

「眞頭痛呢！第一次碰到這種事，實在不知如何才好，我去和那些老練的媽媽們商量看看吧！」

「啊！不行啊！那太丟臉了。」

「喔！對不起。那麼，不知道吔……」

美雲仰望天花板，滿臉的困擾。

「我就照妳所說去做，失敗的話，我乾脆就放棄算了。」

「因此才頭痛啊！責任太重了。」

「不，如果是妳的計畫，一定可以成功。這是頭腦競賽。」

他不露痕跡地激起她的好勝心，使得美雲也欲罷不能了。

「女性在什麼情況下，最容易接受別人的感情？她什麼地方最脆弱？這些若沒有妳，身爲男性的我是不可能知道的。究竟，女性最弱的地方在那裡？」

「我也正在考慮這個問題。」

「妳是這家店裡閃耀的紅星，一定有過許多被追求的經驗，究竟那裡是要害所在，應該很清楚才對吧！」

「啊！沒那回事。」

「來酒吧的客人，大半多是獵艷高手，像我這樣找人商量，實在是太差勁了。」

「不是這樣的。其實他們的示愛方式，多半也都無法掌握要點，根本也沒搔及癢處，大家都是半斤八兩，放心好了。」

「原來如此，那麼，難道無法衝破她的弱點了嗎？」

「這只是我個人的情形，不是她的弱點，而且弱點也常因人而異，總有些微的不同。」

「確是如此，那麼乾脆開門見山地一骨腦兒全說出來吧！」

「我不會啊！」

「那麼，還是死心了吧！既然沒有方法也就無可奈何了。」

「……」

他好像下定決心似地灌了一大口啤酒。

「對了，就這樣吧！拿你曾最爲感動的方法，去追求她吧！」

「咦？用別人追求我的方法去追求她？好奇怪的想法，不好吧！」

「爲什麼？」

「如此的話，那她整個被追求的過程，不就如我的一模一樣了嗎？」

「沒有關係的啦！你是你，她是她呀！成功的話，可要好好地謝我唷！」

「道謝是一定要的。看來，事到如今不做的話，也太沒出息了。沒辦法，還是以我的情形做參考吧！那麼，失敗了請不要怪罪我哦！」

「沒問題，照章行事失敗的話，也該乾脆死心了。」

趁著談話的興頭，R就以二十歲左右、年輕的美雲爲練習的對象。

「追求女孩子首重講究氣氛。」

「等一下，不要說氣氛等抽象性的事，說點更具體的話吧！最好一句一句地把台詞說出來。」

「啊！嚇我一跳。」

美雲所教的示愛方法大略如下：

待到將近打烊時，隨便找個藉口邀她吃宵夜，然後帶她到夜總會跳舞。最重要的是，要一邊跳舞一邊在她的耳畔說點甜言蜜語，如：「我很喜歡妳」或「妳很漂亮」等，這種說辭最具功效。

約略地說，這眞是非常簡短的內容。

「這樣就可以了？」

「沒辦法，此外已別無他法可想了。」

「那就這麼辦吧！用這種方法應該可以成功吧？」

「啊！這是對付我的方法沒錯，自己現身說法，怪不好意思的，但這方法確實有效。只是，我不敢保證對她也一定有效。」

美雲對他的疑問竟有些認眞。

「我知道，我知道。雖有點多管閒事，但是從沒有紳士們對妳用過這種方法嗎？」

「很意外地，沒有。追求我的那些客人們，都只是在店裡說些千篇一律的無聊話。別人我不曉得，對我那是絕對行不通的。有些客人也會邀我去夜總會，但他們對夜總會都已玩膩了，沒有新鮮感，也不會對我說些好聽的話。」

「原來大家都判斷錯了。這方法對別人則不敢確定，但是，對妳一定有效的囉！」

「眞討厭，不過確是如此。」美雲苦笑地回答。

「非常謝謝妳。今夜爲了表示謝意，我請妳吃宵夜，等成功了，我另有酬勞。」

他們離開美雲的酒吧，逕往西門町的某家餐館。

「怎麼了？滿臉嚴肅的。是不是擔心事情不能順利？你眞是專情的人，我好嫉妒她喔！」美雲邊吃著飯，他則喝著啤酒。

「美雲，實際上我必須向妳道歉。」

「咆？什麼……」

「我剛才說的都是謊話，很對不起。」

「……」

「眞的，事實上並沒有一個和妳長得一模一樣的人，那是我編的謊話，對不起，請原諒我！」

「不得了！不得了！現在才道歉……」美雲臉色很難看地放下了刀和叉。

「唉，妳生氣也是理所當然的。妳那麼親切地和我商量，我却惡作劇地戲弄妳，這種玩笑實在開得太過火了。不過，是不是可以聽我說一句話。」

他挨近美雲，緊臨她臉龐地耳語著。

「這絕不是開玩笑的。我今夜雖第一次到M酒吧，對妳却是一見鍾情，妳長得實在太漂亮了！而且又跟妳談了很多話，我發覺妳眞是一個性情溫順的女孩，因此愈發地喜歡妳。可是，妳在酒吧裡似乎是頭號美人，初次來的我似乎不夠資格示愛，而且即使表示了，也不知妳是否會答應。我實在別無他法可想，但是，又希望妳能瞭解我的心意，結果我就想到了這個讓妳本人教我的辦法。實在對不起，請原諒我吧！」

「啊！你眞是令我啼笑皆非……」美雲對於事態的演變，感到旣意外又羞愧。

「我從妳口中得到誠懇、親切的現身說法式的敎導，而且妳本人也保證絕對成功，現在我打算忠實地執行這個方法。那麼，吃飽了的話，我們還是儘早到夜總會去，試試看這個方法的效果究竟如何。」

至此，美雲已完全被制住要害了。日後，R到我的住處，向傳授戰術給他的我道謝，並報告了以上的事。

這項向女性示愛的讀心術戰術，富有多項的啓示。它巧妙地利用了女性矛盾的心理。本來，R說不定只是美雲一個單純且無足輕重的客人，但是編出一個與美雲長得一模一樣的女性時，女性心中微妙的嫉妒和競爭意識便抬頭了，因此加重了R在美雲心中的份量。

這一定是美雲在心底，不希望R傾心於和自己長得一模一樣的女性的心理所造成的。換句話說，不搶眼的東西誰都不要，可是也不肯輕易地給別人，人都有這種共同的心理。因此如何適當地應用此三原則，仍然還是十分耐人尋味的。

只須知道女性心理的必要部分

想追求女孩子就必須具備一點女性心理的常識，完全不懂女性心理而去追求，其效果定是奇差無比。而若拚命地窮研女性心理，想要瞭解複雜奇妙的女性心理，也是十分困難的。如果對女性心理一知半解，反而會增加困擾及錯誤，因此只須擷取必要的精華部分卽可。

✤永遠期待戀愛的女性心理　對男性而言，戀愛就只是戀愛而已，和人生目的及生活方式是不相關連的；而女性則認爲戀愛是人生的最大目的，而投注下全部心力。因此其在有意無意中，總懷著戀愛才是至大的幸福的幻想，且這種幻想會一直支配著她。

女性常為了更漂亮而熱衷於化粧和節食，而所謂希望更漂亮，其實是希望受男性喜愛的女性本能。也就是說，心中一直期待著戀愛。更明白地說，希望更漂亮而努力的女性，雖然或許其本人並未察覺，但是內心底層眞是十分渴望戀愛的。

女性心中時常期待著：「卽使被騙也沒關係，我一生中只願有一次能完全奉獻出自己全部的愛」，或如流行歌所唱的「卽使謊話也沒關係，愛我一次吧！」因此沉醉於戀愛而捨棄兄弟姐妹的都是女性。女性也特愛喜劇收場的戲劇，對於朋友的戀情也是亦喜亦憂。

「女性的想法明顯地以目的為目標，而男性的想法則以辛勞為手段。」某哲學家曾如此說過。你若想向女性示愛的話，有必要好好深思、體會這句話。

✽好奇心和女性心理　好奇心是很恐怖的，也就是卽使留心警戒，還是會被牽引得愈陷愈深的心理作用。人類都有這種共同的心理，只是女性特別關心戀愛，所以卽使處於被動地位，對於男性的誘惑還是充滿好奇心。

女性蒙好奇心之害，而輕易地被風流倜儻者或巧言令色者所騙的情形亦很多。好奇心之所以能支配女性心理，亦可說是肇因於對戀愛本能上甜蜜的期待。

當女性聽取風流倜儻者的巧妙說辭時，其本身亦明白那是危險的，但還是無法自拔。若欲以「這裡很危險，請不要靠近」來警告女性的戀愛，則反容易使其受強烈好奇心的誘惑，而陷入漩渦中。除十分厭惡男性的女性以外，多半被男性所騙的原因，常跟好奇心脫離不了關係。

風流倜儻者比勤勉者更容易引發女性的關心，因為他們懂得巧妙地刺激女性的好奇心。好奇心驅使女性永無休止地期待戀愛的魅力及美妙，且巧妙地滿足「愛人或被愛是多麼地幸福」等戀愛的魔力（通常是幻想比較多）。

女性心理是很微妙的。受風流倜儻者誘惑時，雖然明知他生性風流，但卻仍然傾心於他；明知該逃避他的接近，由於好奇心的驅使，反而大方地接受。此時女性通常是自信：「雖然別人說他風流倜儻，只要我牢牢地抓到他，一點也無須擔心，而且我的愛情和熱情一定能將他溶化。」

換句話說，女性在開始被愛的瞬間，總是擁有一股不可理喻的自信。

好奇心

女性另有一種心理，卽：「我和他雖然眞心眞意地相愛，也許却無法和他結婚也說不定，卽便結了婚，說不定也不會幸福。但是，我却無法不愛他。」

女性大部分都不能把戀愛與婚姻分開考慮，因此一開始談戀愛，便產生患得患失的莫名的不安，這種不安雖愈來愈厲害，可是女性却也不得不隨之將所有熱情傾瀉一空。

✽男性的自信和女性心理　追求女性時，比起熟稔女性心理，則眞正的男性自信才是最重要的。「我若追她，那是百分之百成功的。」

擁有這種堅強信念，要捉摸女性心理便易如反掌了。

不要驚懼遲疑，更不要慌張倉惶，兩眼定定地凝視對方，便是最好的示愛秘訣。沒有比堂堂正正的男性態度更具有男性魅力的了。

若遭女性拒絕，沒有必要儍笑或擔心。你反過來立場想，就會知道原因。假使一個你並不喜歡却也不討厭的女性，向你表示好感，甚至愛慕之情，那麼你會怎樣?你若是普通人，對於拒絕你的人也應多少抱點同情和好感，絕不可憎恨對方。因此，卽使示愛失敗，也應保證保留對對方的一點好感。

總之，女性心理永遠暗中期待著戀愛與滿足好奇心。信心十足地向女性示愛，最容易成功。

✵如此追求女性吧！

不管何時何地，「一讚美，二魄力，三氣氛」是追求女性的三項主要基本原則。世上雖有不少人認爲這種說法非常新穎，而爲了使大多數人能恰如其分地應用此三原則，以下更具體地介紹此三原則戰術。

✽訴諸母性愛的方法　無論什麼女性，一定或多或少擁有母性本能。女性這種母性本能被刺激時，就會對男性產生愛情，日常生活巨細靡遺地照顧得無微不至。

小至修補鈕釦、醫療小傷口等，都需要靠她。女性縫補或綁捲紗布時，也會稍稍感受到刺激。另，要求女性幫忙選領帶或西裝，也可促使其母性愛萌芽。更有甚者，也有裝病而引發女性同情的男人。

在公司等工作場所，也常可看到如「喂，我口渴，倒杯水來」的情形。女性表面裝出一副討厭的面孔，內心却一定感到很有親切感。嚴格分析起來，這或許與母性本能不盡相同，但其生理上的意識却是共通的。

總之，刺激母性本能乃是追求女性最初步的技巧，此外，若能再多方使用其他技巧，定可奏效。

✲刺激女性想像力的方法

雖說想像力人人皆有，但男性與女性的想像內容是截然不同的。男性好做不務實際、不可能實現的幻想；而女性則喜歡對戀愛或婚姻做些比較現實性的幻想。也就是說，女性的幻想多半是在腦海中描繪理想的情形比較多，故可用此法巧妙地刺激幻想。

「我現齡二十六歲，是進入公司僅四年的職員，而我的前途是不可限量的。部長對我的工作能力極表欣賞，若援前例，再過十年，我就可登上課長寶座。當然在此期間，我必須到法國或義大利視察二年。平步青雲地升級，乃是意料中的事。屆時住花園洋房、開朋馳轎車，都是理所當然的了。我很重視小孩的教育，一定要讓他唸台大。以上是我的人生計畫。」

如果用這個說詞測試一下女性的反應，那麼她會怎麼想？若是酷愛幻想的女性，那麼「歐洲旅行、高官夫人、花園洋房、朋馳轎車、台大」等一連串的材料，將足以滿足她的想像慾望。

✲複數作戰

這是自古被經常運用的方法，且不限於男女戀愛上。例如：正與女朋友散步時，突然冒出流氓來找碴，此時就要展現英雄救美的氣慨，力搏惡徒，巧妙地趕走他，而贏得女友的信任。如今，女性知識普遍提高了，再如此如法泡製的話，就唬不了她了。但是，這種技巧的精神，即使今日還是十分管用的，只需要加點現代感。

例如：約了女朋友在茶樓飲茶，却意外地遇上另一位漂亮的女性，此時就可以「噯呀！眞意外，不肯跟我一道飲茶，却接受別人的邀請。」之說詞，輕輕地挑起女性的嫉妒心。不要過於專

情於追求，而要適當地刺激女友的嫉妒心。「總覺得不是很喜歡她。」你若一直間接地向女友表示好感，那麼她會產生「他並不眞心喜歡那個美女，他還是比較愛我，還是我較有魅力。」的心理，而從內心升起對情敵的優越感和些微的同情心。女性總是夢想成爲情場勝利者，因此你必須善用此種心理，才能捉住她的心。

同時，複數作戰也可採用迂廻戰術，由第三者轉達的方式。如放出「他很喜歡妳」或「某小姐對他很有意思，但他的心却全在妳身上」等風聲，她一定會倍受感動，當然若她眞的很討厭你，那就另當別論，不過一般人都喜歡從第三者得知他人對自己的好感。

人類心理的進步，遠不及文明的進步。卽使已發展到使用太空梭的時代，但追求女性的技巧却不可能如此進步的。

✽得知她對你關心程度的方法

①她對你跟其他異性相處的關心程度如何？（那個人很漂亮。）（觀察她不說話時的態度。）（你常一個人看電影嗎？）

②她在你面前會裝模作樣嗎？（扭扭捏捏；笑時特意用手遮嘴；注意自己的服飾、頭髮或化粧等。）

③她會對你做身家調查嗎？（探聽那個學校畢業；詢問雙親、兄弟，特別是母親的事；詢問你的房間大小等，以判斷你的家產；並探問你的酒量及零用錢。）

④她關心你平常的動向嗎？（通常下班後是否馬上回家？）（週末下午和週日做些什麼？）

⑤她是否經常講述自己的事？是否幾分誇大自己的缺點或弱點？（幼年時代的回憶。）（講些自己的缺點，而希望對方否定自己的論調。也就是希望得到你的讚美，藉此以肯定自己的價值。）

⑥她會炫耀自己的長處嗎？（不要看我這樣，我味噌湯做得很棒哦！）（這件洋裝是我自己做的呢！）

⑦她會因你而說謊嗎？會悄悄地洩漏他人的秘密嗎？（拿媽媽做藉口而掩飾自己的過失，或將遲到的原因歸咎於朋友臨時有事。）（阿花的男朋友是有婦之夫呢！這件事不要跟別人說喔！

（阿雄還是警戒一點的好。）

⑧她感興趣的話題，也會附和你的意見嗎？（我也不喜歡金瑞璐。）（雖然我不常看西部片，但很喜歡那種豪邁的痛快感。）

⑨她會馬上注意到你服裝的變化嗎？（啊，這套西裝好漂亮！你很適合穿藍色系列的衣服。）

⑩她會和你商量事情嗎？（朋友邀我去郊遊，怎麼辦？）（我想學開車，好不好？）

⑪她想介紹你給她的家人認識嗎？（家父頗嗜酒，想不想和他一起喝一次酒？）（每次提到你，家母總是興致勃勃的。）

⑫她會告訴你關於你的謠傳嗎？（某人曾經這樣說過你呢！）

⑬她潛意識裡希望和你在一起嗎？

⑭當兩人獨處時，她對你的態度與有第三者在場時一樣嗎？

消除女性害羞的心理

女性多少都帶點害羞的心理，沒有害羞心理的女性，可說已喪失女性的價值。有深切瞭解羞恥心價值，以此爲吸引男性利器的女性；也有恬不知恥，穿著迷你裙還猛拉裙襬的女性。

羞恥心到底是什麼？卽使是脫衣女郎，也不願情人看到她在舞台上的樣子；被情人看到裸露的身體，也是非常令人害羞的。若追根究底分析這種心理，將可得知羞恥心經常是和不安感及警戒心相關連的。因此不管多麼害羞的女孩，也會毫不在意地讓同性或母親看到自己的身體。

本來，處女若是一直被某男性注視著，將會很害羞，若被拉著手或接吻，則將更害羞。因此去除女性羞恥心，最忌諱使之產生警戒心，而是必須使其安心並產生信賴感。具體地說，追求女孩子時不要使其產生肌膚之親的聯想。

更明白地說，卽使第一次和女孩子約會，也必須在九點以前送她回家。早點送她回家，可以讓她有意猶未盡之感，並深植下對你的高度信賴感。若一直如此，偶而找個適當的理由晚點送她回家，她也不會產生警戒心。亦卽，誰都害怕面目猙獰的色狼，但若多接近幾次，便容易疏忽大意，這也是人之常情。因此若一不小心被狼吞了，那應該也不全是狼的責任。

✵如何應付女性所謂的「不行」

當今社會，男性對女性的心理是愈來愈精通了。甚至有的男性認爲女性所謂的「不行」，只是單純的害羞，或是「可以」的暗示語，因此即使女性說不行，他們却依然故我地一意孤行。若女性一說不行便馬上撤手放棄，那未免太不夠機靈了；而若罔顧事實，凡事一意孤行，那却也太庸俗不堪了。

女性所謂的不行，並不一定要和道德意識聯結在一起。她們並不是因事情違反道德規範而說「不行」，通常是基於羞恥心、不安感、警戒心的心態比較多。甚至連洞房花燭夜，有女性也很可能因害羞而說「不行」。

因此該如何應付女性所謂的「不行」呢？這必須要視女性說「不行」時，其態度之強硬程度而定。因爲女性的「不行」也有好幾個層次，有時是認爲兩人的交情還不到那種程度，因此說「不行」，有時却單純是基於害羞心理而說「不行」。

萬一不幸被女性義正詞嚴地拒絕時，也不可像惡狠狠的餓狼般強迫女性，那不僅一點趣味也沒有，更沒有追求女性的誠意。

而靜待時機來臨，那是老年人的做法，不適合年輕人；年輕人此時應視女性的拒絕爲一種撒嬌，更積極地掌握適當時機再展開追求。

而有時你認爲適當的時機，她却沒有同感，此時你怎麼辦呢？難道要以男性自尊之類的理由，來威嚇強迫她嗎？那是行不通的。但是，若要你重整旗鼓再來一次，那也是相當痛苦的事。

因此必須採取適合雙方的中庸之道。例如：對方若拒絕接吻，就不要強求，下次在比較隱蔽的地方，輕輕地吻一下她的脖子就好了。總之，追求女性之巧妙各自不同，但看你如何運用。

✦示愛辭令

追求女性最有利的一招，還是示愛的辭令吧！日本男性對上鉤的魚大概都不會再下餌，而外國男性較符合魚兒的強烈要求，即使婚後亦不怠於表現愛情，因為女性永遠聽不厭別人喜愛她的話。

一讚美，二魅力，三氣氛的三原則中，示愛的辭令也應包含在第一項的讚美中。而且再沒有比示愛辭令能對女性產生更大的震撼力。例如：「你願意嫁給我嗎？」這是一句最高段的讚美辭。

結婚這種說辭，對女性幾可達百分之百的效果，最少也有百分之八十的效果。若用得過濫，將使其效果大打折扣，但對女性而言，示愛語言永遠像一曲美妙音樂般動聽，你或許會認為「這種話，不說你也知道吧！」但女性卻永遠聽不厭。

電視若一再重覆廣告，疲勞轟炸似地宣傳某項產品，平常聽來實在厭煩到極點，而當你需要添購該類產品時，首先想到的，依然是該項熟悉的品牌，因此實際上買該項產品的人也最多。所以男性也該採此項戰術，多多推銷自己。

藉讀心術看出容易受誘惑的女性

欲辨別女性，該從她的敏感度、視線、氣質、品性、態度、警戒心及服飾等著眼最為正確。例如：走在街上或坐在交通工具上，女性常因男性的眼光而感到不安；此時男性若往前搭訕或繼續注視，將會受到輕蔑。而且，即使她一個人在西門町閒逛，與男性視線相交，她也不會露出曖昧的態度或眼光，且注重背影及服裝修飾等的女性，才是值得尊敬的。

若與上者相反，則是禁不住誘惑的女性。其主要特性是：鈍感、視線不定、大膽注視男性、對男性眼光產生強烈不自然的意識、漂亮卻沒有個性、散漫的走路姿勢、坐時雙膝張開、服飾不協調、喜歡趕時髦等。

高聲大笑的女性有欠誠實，且聲音粗鄙的女性多半亦舉止粗暴。自謂「女性是不行的呀！」而藉以抬高男性身價，這多半是缺乏知識及教養的女性。另，不管對那個男性都說：「眞不好意思！」這種女性一定不懂得檢點自己對男性的態度。

結果這種禁不住誘惑的女性，通常也引不起男性追求的慾望，更沒有魅力。你若想追求女孩子，還是該選個值得追的女性，這樣對男性才有好處。

大展出版社有限公司
品冠文化出版社

圖書目錄

地址：台北市北投區(石牌)
致遠一路二段 12 巷 1 號
郵撥：0166955～1

電話：(02)28236031
28236033
傳真：(02)28272069

・法律專欄連載・大展編號 58

台大法學院　法律學系／策劃
法律服務社／編著

1. 別讓您的權利睡著了(1)		200 元
2. 別讓您的權利睡著了(2)		200 元

・武術特輯・大展編號 10

1. 陳式太極拳入門	馮志強編著	180 元
2. 武式太極拳	郝少如編著	200 元
3. 練功十八法入門	蕭京凌編著	120 元
4. 教門長拳	蕭京凌編著	150 元
5. 跆拳道	蕭京凌編譯	180 元
6. 正傳合氣道	程曉鈴譯	200 元
7. 圖解雙節棍	陳銘遠著	150 元
8. 格鬥空手道	鄭旭旭編著	200 元
9. 實用跆拳道	陳國榮編著	200 元
10. 武術初學指南	李文英、解守德編著	250 元
11. 泰國拳	陳國榮著	180 元
12. 中國式摔跤	黃　斌編著	180 元
13. 太極劍入門	李德印編著	180 元
14. 太極拳運動	運動司編	250 元
15. 太極拳譜	清・王宗岳等著	280 元
16. 散手初學	冷　峰編著	200 元
17. 南拳	朱瑞琪編著	180 元
18. 吳式太極劍	王培生著	200 元
19. 太極拳健身與技擊	王培生著	250 元
20. 秘傳武當八卦掌	狄兆龍著	250 元
21. 太極拳論譚	沈　壽著	250 元
22. 陳式太極拳技擊法	馬　虹著	250 元
23. 二十四式／三十二式 太極 拳／劍	闞桂香著	180 元
24. 楊式秘傳 129 式太極長拳	張楚全著	280 元
25. 楊式太極拳架詳解	林炳堯著	280 元

26. 華佗五禽劍	劉時榮著	180 元
27. 太極拳基礎講座：基本功與簡化 24 式	李德印著	250 元
28. 武式太極拳精華	薛乃印著	200 元
29. 陳式太極拳拳理闡微	馬　虹著	350 元
30. 陳式太極拳體用全書	馬　虹著	400 元
31. 張三豐太極拳	陳占奎著	200 元
32. 中國太極推手	張　山主編	300 元
33. 48 式太極拳入門	門惠豐編著	220 元
34. 太極拳奇人奇功	嚴翰秀編著	250 元
35. 心意門秘籍	李新民編著	220 元
36. 三才門乾坤戊己功	王培生編著	元
37. 武式太極劍精華 +VCD	薛乃印編著	元
38. 楊式太極拳	傅鐘文演述	元

・原地太極拳系列・大展編號 11

1. 原地綜合太極拳 24 式	胡啓賢創編	220 元
2. 原地活步太極拳 42 式	胡啓賢創編	200 元
3. 原地簡化太極拳 24 式	胡啓賢創編	200 元
4. 原地太極拳 12 式	胡啓賢創編	200 元

・道 學 文 化・大展編號 12

1. 道在養生：道教長壽術	郝　勤等著	250 元
2. 龍虎丹道：道教內丹術	郝　勤著	300 元
3. 天上人間：道教神仙譜系	黃德海著	250 元
4. 步罡踏斗：道教祭禮儀典	張澤洪著	250 元
5. 道醫窺秘：道教醫學康復術	王慶餘等著	250 元
6. 勸善成仙：道教生命倫理	李　剛著	250 元
7. 洞天福地：道教宮觀勝境	沙銘壽著	250 元
8. 青詞碧簫：道教文學藝術	楊光文等著	250 元
9. 沈博絕麗：道教格言精粹	朱耕發等著	250 元

・秘傳占卜系列・大展編號 14

1. 手相術	淺野八郎著	180 元
2. 人相術	淺野八郎著	180 元
3. 西洋占星術	淺野八郎著	180 元
4. 中國神奇占卜	淺野八郎著	150 元
5. 夢判斷	淺野八郎著	150 元
6. 前世、來世占卜	淺野八郎著	150 元
7. 法國式血型學	淺野八郎著	150 元
8. 靈感、符咒學	淺野八郎著	150 元

9. 紙牌占卜學　淺野八郎著　150元
10. ESP超能力占卜　淺野八郎著　150元
11. 猶太數的秘術　淺野八郎著　150元
12. 新心理測驗　淺野八郎著　160元
13. 塔羅牌預言秘法　淺野八郎著　200元

・趣味心理講座・大展編號15

1. 性格測驗　探索男與女　淺野八郎著　140元
2. 性格測驗　透視人心奧秘　淺野八郎著　140元
3. 性格測驗　發現陌生的自己　淺野八郎著　140元
4. 性格測驗　發現你的真面目　淺野八郎著　140元
5. 性格測驗　讓你們吃驚　淺野八郎著　140元
6. 性格測驗　洞穿心理盲點　淺野八郎著　140元
7. 性格測驗　探索對方心理　淺野八郎著　140元
8. 性格測驗　由吃認識自己　淺野八郎著　160元
9. 性格測驗　戀愛知多少　淺野八郎著　160元
10. 性格測驗　由裝扮瞭解人心　淺野八郎著　160元
11. 性格測驗　敲開內心玄機　淺野八郎著　140元
12. 性格測驗　透視你的未來　淺野八郎著　160元
13. 血型與你的一生　淺野八郎著　160元
14. 趣味推理遊戲　淺野八郎著　160元
15. 行爲語言解析　淺野八郎著　160元

・婦幼天地・大展編號16

1. 八萬人減肥成果　黃靜香譯　180元
2. 三分鐘減肥體操　楊鴻儒譯　150元
3. 窈窕淑女美髮秘訣　柯素娥譯　130元
4. 使妳更迷人　成　玉譯　130元
5. 女性的更年期　官舒妍編譯　160元
6. 胎內育兒法　李玉瓊編譯　150元
7. 早產兒袋鼠式護理　唐岱蘭譯　200元
8. 初次懷孕與生產　婦幼天地編譯組　180元
9. 初次育兒12個月　婦幼天地編譯組　180元
10. 斷乳食與幼兒食　婦幼天地編譯組　180元
11. 培養幼兒能力與性向　婦幼天地編譯組　180元
12. 培養幼兒創造力的玩具與遊戲　婦幼天地編譯組　180元
13. 幼兒的症狀與疾病　婦幼天地編譯組　180元
14. 腿部苗條健美法　婦幼天地編譯組　180元
15. 女性腰痛別忽視　婦幼天地編譯組　150元
16. 舒展身心體操術　李玉瓊編譯　130元
17. 三分鐘臉部體操　趙薇妮著　160元

18. 生動的笑容表情術 趙薇妮著 160 元
19. 心曠神怡減肥法 川津祐介著 130 元
20. 內衣使妳更美麗 陳玄茹譯 130 元
21. 瑜伽美姿美容 黃靜香編著 180 元
22. 高雅女性裝扮學 陳珮玲譯 180 元
23. 蠶糞肌膚美顏法 梨秀子著 160 元
24. 認識妳的身體 李玉瓊譯 160 元
25. 產後恢復苗條體態 居理安・芙萊喬著 200 元
26. 正確護髮美容法 山崎伊久江著 180 元
27. 安琪拉美姿養生學 安琪拉蘭斯博瑞著 180 元
28. 女體性醫學剖析 增田豐著 220 元
29. 懷孕與生產剖析 岡部綾子著 180 元
30. 斷奶後的健康育兒 東城百合子著 220 元
31. 引出孩子幹勁的責罵藝術 多湖輝著 170 元
32. 培養孩子獨立的藝術 多湖輝著 170 元
33. 子宮肌瘤與卵巢囊腫 陳秀琳編著 180 元
34. 下半身減肥法 納他夏・史達賓著 180 元
35. 女性自然美容法 吳雅菁編著 180 元
36. 再也不發胖 池園悅太郎著 170 元
37. 生男生女控制術 中垣勝裕著 220 元
38. 使妳的肌膚更亮麗 楊 皓編著 170 元
39. 臉部輪廓變美 芝崎義夫著 180 元
40. 斑點、皺紋自己治療 高須克彌著 180 元
41. 面皰自己治療 伊藤雄康著 180 元
42. 隨心所欲瘦身冥想法 原久子著 180 元
43. 胎兒革命 鈴木丈織著 180 元
44. NS 磁氣平衡法塑造窈窕奇蹟 古屋和江著 180 元
45. 享瘦從腳開始 山田陽子著 180 元
46. 小改變瘦 4 公斤 宮本裕子著 180 元
47. 軟管減肥瘦身 高橋輝男著 180 元
48. 海藻精神秘美容法 劉名揚編著 180 元
49. 肌膚保養與脫毛 鈴木真理著 180 元
50. 10 天減肥 3 公斤 彤雲編輯組 180 元
51. 穿出自己的品味 西村玲子著 280 元
52. 小孩髮型設計 李芳黛譯 250 元

・青 春 天 地・大展編號 17

1. A 血型與星座 柯素娥編譯 160 元
2. B 血型與星座 柯素娥編譯 160 元
3. O 血型與星座 柯素娥編譯 160 元
4. AB 血型與星座 柯素娥編譯 120 元
5. 青春期性教室 呂貴嵐編譯 130 元
7. 難解數學破題 宋釗宜編譯 130 元

9. 小論文寫作秘訣	林顯茂編譯	120 元
11. 中學生野外遊戲	熊谷康編著	120 元
12. 恐怖極短篇	柯素娥編譯	130 元
13. 恐怖夜話	小毛驢編譯	130 元
14. 恐怖幽默短篇	小毛驢編譯	120 元
15. 黑色幽默短篇	小毛驢編譯	120 元
16. 靈異怪談	小毛驢編譯	130 元
17. 錯覺遊戲	小毛驢編著	130 元
18. 整人遊戲	小毛驢編著	150 元
19. 有趣的超常識	柯素娥編譯	130 元
20. 哦！原來如此	林慶旺編譯	130 元
21. 趣味競賽 100 種	劉名揚編譯	120 元
22. 數學謎題入門	宋釗宜編譯	150 元
23. 數學謎題解析	宋釗宜編譯	150 元
24. 透視男女心理	林慶旺編譯	120 元
25. 少女情懷的自白	李桂蘭編譯	120 元
26. 由兄弟姊妹看命運	李玉瓊編譯	130 元
27. 趣味的科學魔術	林慶旺編譯	150 元
28. 趣味的心理實驗室	李燕玲編譯	150 元
29. 愛與性心理測驗	小毛驢編譯	130 元
30. 刑案推理解謎	小毛驢編譯	180 元
31. 偵探常識推理	小毛驢編譯	180 元
32. 偵探常識解謎	小毛驢編譯	130 元
33. 偵探推理遊戲	小毛驢編譯	180 元
34. 趣味的超魔術	廖玉山編著	150 元
35. 趣味的珍奇發明	柯素娥編著	150 元
36. 登山用具與技巧	陳瑞菊編著	150 元
37. 性的漫談	蘇燕謀編著	180 元
38. 無的漫談	蘇燕謀編著	180 元
39. 黑色漫談	蘇燕謀編著	180 元
40. 白色漫談	蘇燕謀編著	180 元

・健康天地・大展編號 18

1. 壓力的預防與治療	柯素娥編譯	130 元
2. 超科學氣的魔力	柯素娥編譯	130 元
3. 尿療法治病的神奇	中尾良一著	130 元
4. 鐵證如山的尿療法奇蹟	廖玉山譯	120 元
5. 一日斷食健康法	葉慈容編譯	150 元
6. 胃部強健法	陳炳崑譯	120 元
7. 癌症早期檢查法	廖松濤譯	160 元
8. 老人痴呆症防止法	柯素娥編譯	130 元
9. 松葉汁健康飲料	陳麗芬編譯	130 元
10. 揉肚臍健康法	永井秋夫著	150 元

11. 過勞死、猝死的預防　卓秀貞編譯　130元
12. 高血壓治療與飲食　藤山順豐著　180元
13. 老人看護指南　柯素娥編譯　150元
14. 美容外科淺談　楊啓宏著　150元
15. 美容外科新境界　楊啓宏著　150元
16. 鹽是天然的醫生　西英司郎著　140元
17. 年輕十歲不是夢　梁瑞麟譯　200元
18. 茶料理治百病　桑野和民著　180元
19. 綠茶治病寶典　桑野和民著　150元
20. 杜仲茶養顏減肥法　西田博著　170元
21. 蜂膠驚人療效　瀨長良三郎著　180元
22. 蜂膠治百病　瀨長良三郎著　180元
23. 醫藥與生活　鄭炳全著　180元
24. 鈣長生寶典　落合敏著　180元
25. 大蒜長生寶典　木下繁太郎著　160元
26. 居家自我健康檢查　石川恭三著　160元
27. 永恆的健康人生　李秀鈴譯　200元
28. 大豆卵磷脂長生寶典　劉雪卿譯　150元
29. 芳香療法　梁艾琳譯　160元
30. 醋長生寶典　柯素娥譯　180元
31. 從星座透視健康　席拉・吉蒂斯著　180元
32. 愉悅自在保健學　野本二士夫著　160元
33. 裸睡健康法　丸山淳士等著　160元
34. 糖尿病預防與治療　藤山順豐著　180元
35. 維他命長生寶典　菅原明子著　180元
36. 維他命C新效果　鐘文訓編　150元
37. 手、腳病理按摩　堤芳朗著　160元
38. AIDS瞭解與預防　彼得塔歇爾著　180元
39. 甲殼質殼聚糖健康法　沈永嘉譯　160元
40. 神經痛預防與治療　木下真男著　160元
41. 室內身體鍛鍊法　陳炳崑編著　160元
42. 吃出健康藥膳　劉大器編著　180元
43. 自我指壓術　蘇燕謀編著　160元
44. 紅蘿蔔汁斷食療法　李玉瓊編著　150元
45. 洗心術健康秘法　竺翠萍編譯　170元
46. 枇杷葉健康療法　柯素娥編譯　180元
47. 抗衰血癒　楊啓宏著　180元
48. 與癌搏鬥記　逸見政孝著　180元
49. 冬蟲夏草長生寶典　高橋義博著　170元
50. 痔瘡・大腸疾病先端療法　宮島伸宜著　180元
51. 膠布治癒頑固慢性病　加瀨建造著　180元
52. 芝麻神奇健康法　小林貞作著　170元
53. 香煙能防止癡呆？　高田明和著　180元
54. 穀菜食治癌療法　佐藤成志著　180元

55. 貼藥健康法	松原英多著	180 元
56. 克服癌症調和道呼吸法	帶津良一著	180 元
57. B 型肝炎預防與治療	野村喜重郎著	180 元
58. 青春永駐養生導引術	早島正雄著	180 元
59. 改變呼吸法創造健康	原久子著	180 元
60. 荷爾蒙平衡養生秘訣	出村博著	180 元
61. 水美肌健康法	井戶勝富著	170 元
62. 認識食物掌握健康	廖梅珠編著	170 元
63. 痛風劇痛消除法	鈴木吉彥著	180 元
64. 酸莖菌驚人療效	上田明彥著	180 元
65. 大豆卵磷脂治現代病	神津健一著	200 元
66. 時辰療法—危險時刻凌晨 4 時	呂建強等著	180 元
67. 自然治癒力提升法	帶津良一著	180 元
68. 巧妙的氣保健法	藤平墨子著	180 元
69. 治癒 C 型肝炎	熊田博光著	180 元
70. 肝臟病預防與治療	劉名揚編著	180 元
71. 腰痛平衡療法	荒井政信著	180 元
72. 根治多汗症、狐臭	稻葉益巳著	220 元
73. 40 歲以後的骨質疏鬆症	沈永嘉譯	180 元
74. 認識中藥	松下一成著	180 元
75. 認識氣的科學	佐佐木茂美著	180 元
76. 我戰勝了癌症	安田伸著	180 元
77. 斑點是身心的危險信號	中野進著	180 元
78. 艾波拉病毒大震撼	玉川重德著	180 元
79. 重新還我黑髮	桑名隆一郎著	180 元
80. 身體節律與健康	林博史著	180 元
81. 生薑治萬病	石原結實著	180 元
82. 靈芝治百病	陳瑞東著	180 元
83. 木炭驚人的威力	大槻彰著	200 元
84. 認識活性氧	井土貴司著	180 元
85. 深海鮫治百病	廖玉山編著	180 元
86. 神奇的蜂王乳	井上丹治著	180 元
87. 卡拉 OK 健腦法	東潔著	180 元
88. 卡拉 OK 健康法	福田伴男著	180 元
89. 醫藥與生活	鄭炳全著	200 元
90. 洋蔥治百病	宮尾興平著	180 元
91. 年輕 10 歲快步健康法	石塚忠雄著	180 元
92. 石榴的驚人神效	岡本順子著	180 元
93. 飲料健康法	白鳥早奈英著	180 元
94. 健康棒體操	劉名揚編譯	180 元
95. 催眠健康法	蕭京凌編著	180 元
96. 鬱金（美王）治百病	水野修一著	180 元
97. 醫藥與生活	鄭炳全著	200 元

・實用女性學講座・大展編號 19

1. 解讀女性內心世界	島田一男著	150 元
2. 塑造成熟的女性	島田一男著	150 元
3. 女性整體裝扮學	黃靜香編著	180 元
4. 女性應對禮儀	黃靜香編著	180 元
5. 女性婚前必修	小野十傳著	200 元
6. 徹底瞭解女人	田口二州著	180 元
7. 拆穿女性謊言 88 招	島田一男著	200 元
8. 解讀女人心	島田一男著	200 元
9. 俘獲女性絕招	志賀貢著	200 元
10. 愛情的壓力解套	中村理英子著	200 元
11. 妳是人見人愛的女孩	廖松濤編著	200 元

・校園系列・大展編號 20

1. 讀書集中術	多湖輝著	180 元
2. 應考的訣竅	多湖輝著	150 元
3. 輕鬆讀書贏得聯考	多湖輝著	150 元
4. 讀書記憶秘訣	多湖輝著	180 元
5. 視力恢復！超速讀術	江錦雲譯	180 元
6. 讀書 36 計	黃柏松編著	180 元
7. 驚人的速讀術	鐘文訓編著	170 元
8. 學生課業輔導良方	多湖輝著	180 元
9. 超速讀超記憶法	廖松濤編著	180 元
10. 速算解題技巧	宋釗宜編著	200 元
11. 看圖學英文	陳炳崑編著	200 元
12. 讓孩子最喜歡數學	沈永嘉譯	180 元
13. 催眠記憶術	林碧清譯	180 元
14. 催眠速讀術	林碧清譯	180 元
15. 數學式思考學習法	劉淑錦譯	200 元
16. 考試憑要領	劉孝暉著	180 元
17. 事半功倍讀書法	王毅希著	200 元
18. 超金榜題名術	陳蒼杰譯	200 元
19. 靈活記憶術	林耀慶編著	180 元
20. 數學增強要領	江修楨編著	180 元

・實用心理學講座・大展編號 21

1. 拆穿欺騙伎倆	多湖輝著	140 元
2. 創造好構想	多湖輝著	140 元
3. 面對面心理術	多湖輝著	160 元
4. 偽裝心理術	多湖輝著	140 元

5.	透視人性弱點	多湖輝著	140 元
6.	自我表現術	多湖輝著	180 元
7.	不可思議的人性心理	多湖輝著	180 元
8.	催眠術入門	多湖輝著	150 元
9.	責罵部屬的藝術	多湖輝著	150 元
10.	精神力	多湖輝著	150 元
11.	厚黑說服術	多湖輝著	150 元
12.	集中力	多湖輝著	150 元
13.	構想力	多湖輝著	150 元
14.	深層心理術	多湖輝著	160 元
15.	深層語言術	多湖輝著	160 元
16.	深層說服術	多湖輝著	180 元
17.	掌握潛在心理	多湖輝著	160 元
18.	洞悉心理陷阱	多湖輝著	180 元
19.	解讀金錢心理	多湖輝著	180 元
20.	拆穿語言圈套	多湖輝著	180 元
21.	語言的內心玄機	多湖輝著	180 元
22.	積極力	多湖輝著	180 元

・超現實心理講座・大展編號 22

1.	超意識覺醒法	詹蔚芬編譯	130 元
2.	護摩秘法與人生	劉名揚編譯	130 元
3.	秘法！超級仙術入門	陸明譯	150 元
4.	給地球人的訊息	柯素娥編著	150 元
5.	密教的神通力	劉名揚編著	130 元
6.	神秘奇妙的世界	平川陽一著	200 元
7.	地球文明的超革命	吳秋嬌譯	200 元
8.	力量石的秘密	吳秋嬌譯	180 元
9.	超能力的靈異世界	馬小莉譯	200 元
10.	逃離地球毀滅的命運	吳秋嬌譯	200 元
11.	宇宙與地球終結之謎	南山宏著	200 元
12.	驚世奇功揭秘	傅起鳳著	200 元
13.	啓發身心潛力心象訓練法	栗田昌裕著	180 元
14.	仙道術遁甲法	高藤聰一郎著	220 元
15.	神通力的秘密	中岡俊哉著	180 元
16.	仙人成仙術	高藤聰一郎著	200 元
17.	仙道符咒氣功法	高藤聰一郎著	220 元
18.	仙道風水術尋龍法	高藤聰一郎著	200 元
19.	仙道奇蹟超幻像	高藤聰一郎著	200 元
20.	仙道鍊金術房中法	高藤聰一郎著	200 元
21.	奇蹟超醫療治癒難病	深野一幸著	220 元
22.	揭開月球的神秘力量	超科學研究會	180 元
23.	西藏密教奧義	高藤聰一郎著	250 元

24. 改變你的夢術入門	高藤聰一郎著	250 元
25. 21 世紀拯救地球超技術	深野一幸著	250 元

・養 生 保 健・大展編號 23

1. 醫療養生氣功	黃孝寬著	250 元
2. 中國氣功圖譜	余功保著	250 元
3. 少林醫療氣功精粹	井玉蘭著	250 元
4. 龍形實用氣功	吳大才等著	220 元
5. 魚戲增視強身氣功	宮 嬰著	220 元
6. 嚴新氣功	前新培金著	250 元
7. 道家玄牝氣功	張 章著	200 元
8. 仙家秘傳袪病功	李遠國著	160 元
9. 少林十大健身功	秦慶豐著	180 元
10. 中國自控氣功	張明武著	250 元
11. 醫療防癌氣功	黃孝寬著	250 元
12. 醫療強身氣功	黃孝寬著	250 元
13. 醫療點穴氣功	黃孝寬著	250 元
14. 中國八卦如意功	趙維漢著	180 元
15. 正宗馬禮堂養氣功	馬禮堂著	420 元
16. 秘傳道家筋經內丹功	王慶餘著	280 元
17. 三元開慧功	辛桂林著	250 元
18. 防癌治癌新氣功	郭 林著	180 元
19. 禪定與佛家氣功修煉	劉天君著	200 元
20. 顛倒之術	梅自強著	360 元
21. 簡明氣功辭典	吳家駿編	360 元
22. 八卦三合功	張全亮著	230 元
23. 朱砂掌健身養生功	楊永著	250 元
24. 抗老功	陳九鶴著	230 元
25. 意氣按穴排濁自療法	黃啓運編著	250 元
26. 陳式太極拳養生功	陳正雷著	200 元
27. 健身祛病小功法	王培生著	200 元
28. 張式太極混元功	張春銘著	250 元
29. 中國璇密功	羅琴編著	250 元
30. 中國少林禪密功	齊飛龍著	200 元
31. 郭林新氣功	郭林新氣功研究所	400 元

・社會人智囊・大展編號 24

1. 糾紛談判術	清水增三著	160 元
2. 創造關鍵術	淺野八郎著	150 元
3. 觀人術	淺野八郎著	200 元
4. 應急詭辯術	廖英迪編著	160 元

5. 天才家學習術	木原武一著	160 元
6. 貓型狗式鑑人術	淺野八郎著	180 元
7. 逆轉運掌握術	淺野八郎著	180 元
8. 人際圓融術	澀谷昌三著	160 元
9. 解讀人心術	淺野八郎著	180 元
10. 與上司水乳交融術	秋元隆司著	180 元
11. 男女心態定律	小田晉著	180 元
12. 幽默說話術	林振輝編著	200 元
13. 人能信賴幾分	淺野八郎著	180 元
14. 我一定能成功	李玉瓊譯	180 元
15. 獻給青年的嘉言	陳蒼杰譯	180 元
16. 知人、知面、知其心	林振輝編著	180 元
17. 塑造堅強的個性	坂上肇著	180 元
18. 爲自己而活	佐藤綾子著	180 元
19. 未來十年與愉快生活有約	船井幸雄著	180 元
20. 超級銷售話術	杜秀卿譯	180 元
21. 感性培育術	黃靜香編著	180 元
22. 公司新鮮人的禮儀規範	蔡媛惠譯	180 元
23. 傑出職員鍛鍊術	佐佐木正著	180 元
24. 面談獲勝戰略	李芳黛譯	180 元
25. 金玉良言撼人心	森純大著	180 元
26. 男女幽默趣典	劉華亭編著	180 元
27. 機智說話術	劉華亭編著	180 元
28. 心理諮商室	柯素娥譯	180 元
29. 如何在公司崢嶸頭角	佐佐木正著	180 元
30. 機智應對術	李玉瓊編著	200 元
31. 克服低潮良方	坂野雄二著	180 元
32. 智慧型說話技巧	沈永嘉編著	180 元
33. 記憶力、集中力增進術	廖松濤編著	180 元
34. 女職員培育術	林慶旺編著	180 元
35. 自我介紹與社交禮儀	柯素娥編著	180 元
36. 積極生活創幸福	田中真澄著	180 元
37. 妙點子超構想	多湖輝著	180 元
38. 說 NO 的技巧	廖玉山編著	180 元
39. 一流說服力	李玉瓊編著	180 元
40. 般若心經成功哲學	陳鴻蘭編著	180 元
41. 訪問推銷術	黃靜香編著	180 元
42. 男性成功秘訣	陳蒼杰編著	180 元
43. 笑容、人際智商	宮川澄子著	180 元
44. 多湖輝的構想工作室	多湖輝著	200 元
45. 名人名語啓示錄	喬家楓著	180 元
46. 口才必勝術	黃柏松編著	220 元
47. 能言善道的說話術	章智冠編著	180 元
48. 改變人心成爲贏家	多湖輝著	200 元

49. 說服的ＩＱ　沈永嘉譯　200 元
50. 提升腦力超速讀術　齊藤英治著　200 元
51. 操控對手百戰百勝　多湖輝著　200 元
52. 面試成功戰略　柯素娥編著　200 元
53. 摸透男人心　劉華亭編著　180 元
54. 撼動人心優勢口才　龔伯牧編著　180 元
55. 如何使對方說 yes　程　羲編著　200 元
56. 小道理・美好人生　林政峰編著　180 元
57. 拿破崙智慧箴言　柯素娥編著　200 元
58. 解開第六感之謎　匠英一編著　200 元
59. 讀心術入門　王嘉成編著　180 元

・精 選 系 列・大展編號 25

1. 毛澤東與鄧小平　渡邊利夫等著　280 元
2. 中國大崩裂　江戶介雄著　180 元
3. 台灣・亞洲奇蹟　上村幸治著　220 元
4. 7-ELEVEN 高盈收策略　國友隆一著　180 元
5. 台灣獨立（新・中國日本戰爭一）　森詠著　200 元
6. 迷失中國的末路　江戶雄介著　220 元
7. 2000 年 5 月全世界毀滅　紫藤甲子男著　180 元
8. 失去鄧小平的中國　小島朋之著　220 元
9. 世界史爭議性異人傳　桐生操著　200 元
10. 淨化心靈享人生　松濤弘道著　220 元
11. 人生心情診斷　賴藤和寬著　220 元
12. 中美大決戰　檜山良昭著　220 元
13. 黃昏帝國美國　莊雯琳譯　220 元
14. 兩岸衝突（新・中國日本戰爭二）　森詠著　220 元
15. 封鎖台灣（新・中國日本戰爭三）　森詠著　220 元
16. 中國分裂（新・中國日本戰爭四）　森詠著　220 元
17. 由女變男的我　虎井正衛著　200 元
18. 佛學的安心立命　松濤弘道著　220 元
19. 世界喪禮大觀　松濤弘道著　280 元
20. 中國內戰（新・中國日本戰爭五）　森詠著　220 元
21. 台灣內亂（新・中國日本戰爭六）　森詠著　220 元
22. 琉球戰爭 ①（新・中國日本戰爭七）　森詠著　220 元
23. 琉球戰爭 ②（新・中國日本戰爭八）　森詠著　220 元
24. 中台戰爭（新・中國日本戰爭九）　森詠著　220 元
25. 美中開戰（新・中國日本戰爭十）　森詠著　元

・運 動 遊 戲・大展編號 26

1. 雙人運動　李玉瓊譯　160 元

2.	愉快的跳繩運動	廖玉山譯	180元
3.	運動會項目精選	王佑京譯	150元
4.	肋木運動	廖玉山譯	150元
5.	測力運動	王佑宗譯	150元
6.	游泳入門	唐桂萍編著	200元
7.	帆板衝浪	王勝利譯	300元
8.	蛙泳七日通	溫仲華編著	180元

・休閒娛樂・大展編號27

1.	海水魚飼養法	田中智浩著	300元
2.	金魚飼養法	曾雪玫譯	250元
3.	熱門海水魚	毛利匡明著	480元
4.	愛犬的教養與訓練	池田好雄著	250元
5.	狗教養與疾病	杉浦哲著	220元
6.	小動物養育技巧	三上昇著	300元
7.	水草選擇、培育、消遣	安齊裕司著	300元
8.	四季釣魚法	釣朋會著	200元
9.	簡易釣魚入門	張果馨譯	200元
10.	防波堤釣入門	張果馨譯	220元
11.	透析愛犬習性	沈永嘉譯	200元
20.	園藝植物管理	船越亮二著	220元
21.	實用家庭菜園ＤＩＹ	孔翔儀著	200元
30.	汽車急救ＤＩＹ	陳瑞雄編著	200元
31.	巴士旅行遊戲	陳羲編著	180元
32.	測驗你的ＩＱ	蕭京凌編著	180元
33.	益智數字遊戲	廖玉山編著	180元
40.	撲克牌遊戲與贏牌秘訣	林振輝編著	180元
41.	撲克牌魔術、算命、遊戲	林振輝編著	180元
42.	撲克占卜入門	王家成編著	180元
50.	兩性幽默	幽默選集編輯組	180元
51.	異色幽默	幽默選集編輯組	180元
52.	幽默魔法鏡	玄虛叟編著	180元

・銀髮族智慧學・大展編號28

1.	銀髮六十樂逍遙	多湖輝著	170元
2.	人生六十反年輕	多湖輝著	170元
3.	六十歲的決斷	多湖輝著	170元
4.	銀髮族健身指南	孫瑞台編著	250元
5.	退休後的夫妻健康生活	施聖茹譯	200元

國家圖書館出版品預行編目資料

讀心術入門 / 王嘉成編著. －2版－
臺北市：大展 ， 民90
面 ； 21 公分 －（社會人智囊；59）
ISBN 957-468-069-X（平裝）
1. 應用心理學

177　　90005207

讀心術入門　ISBN 957-468-069-X

編 著 者／王 嘉 成
發 行 人／蔡 森 明
出 版 者／大展出版社有限公司
社　　址／台北市北投區（石牌）致遠一路2段12巷1號
電　　話／（02）28236031‧28236033‧28233123
傳　　真／（02）28272069
郵政劃撥／01669551
E - mail／dah-jaan@ms9.tisnet.net.tw
登 記 證／局版臺業字第2171號
承 印 者／國順圖書印刷公司
裝　　訂／嶸興裝訂有限公司
排 版 者／千兵企業有限公司
初版4刷／1991年（民80年） 8月
2 版1刷／2001年（民90年） 6月

定價／180元

大展好書 好書大展

大展好書 好書大展